मेरी इक्यावन कविताएँ

अटल बिहारी वाजपेयी

TM
ISO 9001:2008
किताबघर प्रकाशन
नयी दिल्ली

अटल बिहारी वाजपेयी

मेरी इक्यावन कविताएँ

संपादक
डॉ. चंद्रिकाप्रसाद शर्मा

पहला संस्करण : जून, 1995 • दूसरा संस्करण : अक्तूबर, 1995 • तीसरा संस्करण : फरवरी, 1996
चौथा संस्करण : जनवरी, 1997 • पाँचवाँ संस्करण : 15 अगस्त, 1997 • छठा संस्करण : दीपावली, 1997
सातवाँ संस्करण : फरवरी, 1998 • आठवाँ संस्करण : मई, 1998 • नवाँ संस्करण : विजयादशमी, 1998
दसवाँ संस्करण : फरवरी, 1999 • ग्यारहवाँ संस्करण : जून, 1999 • बारहवाँ संस्करण : अक्तूबर, 1999
तेरहवाँ संस्करण : फरवरी, 2000 • चौदहवाँ संस्करण : जन्माष्टमी, 2000 • पंद्रहवाँ संस्करण : जनवरी, 2021
सोलहवाँ संस्करण : अक्तूबर, 2001 • सत्रहवाँ संस्करण : मार्च, 2002 • अठारहवाँ संस्करण : अक्तूबर, 2002
उन्नीसवाँ संस्करण : मई, 2003 • बीसवाँ संस्करण : दिसंबर, 2003 • इक्कीसवाँ संस्करण : मार्च, 2004
बाईसवाँ संस्करण : फरवरी, 2005 • तेईसवाँ संस्करण : फरवरी, 2006 • चौबीसवाँ संस्करण : दिसंबर, 2007
पच्चीसवाँ संस्करण : फरवरी, 2009 • छब्बीसवाँ संस्करण : मार्च, 2012 • सत्ताईसवाँ संस्करण : जनवरी, 2015
अट्ठाईसवाँ संस्करण : मार्च, 2017 • उनतीसवाँ संस्करण : अक्तूबर, 2017 • तीसवाँ संस्करण : अगस्त, 2018
इकतीसवाँ संस्करण : नवंबर, 2019 • बत्तीसवाँ संस्करण : सितंबर, 2020 • तैंतीसवाँ संस्करण : अप्रैल, 2021
चौंतीसवाँ संस्करण : अप्रैल, 2022 • पैंतीसवाँ संस्करण : अगस्त, 2023 • छत्तीसवाँ संस्करण : जनवरी, 2025

प्रकाशक

किताबघर प्रकाशन

4764/23, अंसारी रोड, दरियागंज, नई दिल्ली-110002

फोन : 011-79600407, मोबाइल : 7827720848

E-mail : kitabgharprakashan@gmail.com
website : www.bookshindi.com

छत्तीसवाँ संस्करण : जनवरी, 2025

आवरण : चेतनदास

मूल्य : तीन सौ चालीस रुपये

मुद्रक : आर. के. ऑफसेट
शाहदरा, दिल्ली-110095

MERI EKYAVAN KAVITAYEN *(Hindi)*
by Atal Bihari Vajpayee
Ed. by Dr. Chandrika Prasad Sharma

Price : ₹ 340

ISBN—978-93-83233-61-8

कवि और मैं

कविता मुझे विरासत में मिली है। मेरे पिता पं० कृष्ण बिहारी वाजपेयी, ग्वालियर रियासत के, अपने जमाने के, जाने-माने कवियों में थे। वह ब्रज भाषा और खड़ी बोली दोनों में लिखते थे। उनकी लिखी 'ईश्वर प्रार्थना' रियासत के सभी विद्यालयों में सामूहिक रूप से गाई जाती थी। उनके द्वारा रचित कवित्त और सवैया मुझे अभी तक याद हैं। पितामह पं० श्यामलाल वाजपेयी, यद्यपि स्वयं कवि नहीं थे, किंतु संस्कृत और हिंदी दोनों भाषाओं के काव्य-साहित्य में उनकी गहरी रुचि थी। दोनों भाषाओं के सैकड़ों छन्द उन्हें कंठस्थ थे और बातचीत में उन्हें उद्धृत करते रहते थे। परिवार के साहित्यिक वातावरण का प्रभाव भाइयों पर भी पड़ा। सबसे बड़े भाई पं० अवध बिहारी वाजपेयी कविता करने लगे।

उन दिनों कवि-सम्मेलनों की धूम थी, किन्तु आज की तरह कवि-सम्मेलनों में फूहड़ हास्य और चुटकुलेबाजी का बोलबाला नहीं था। हास्य-विनोद का शिष्ट और शालीन होना जरूरी था। वीर और शृंगार रस की कविताएँ पसन्द की जाती थीं। समस्या-पूर्ति की शैली कवियों को एक विषय पर ध्यान केन्द्रित करने के लिए बाध्य करती। रचनाएँ छन्दबद्ध होतीं। तब तक अतुकान्त तथा रबड़ छन्द में लिखी कविताओं का इतना प्रचलन नहीं था। सर्वश्रेष्ठ समस्या-पूर्ति के लिए पुरस्कार दिया जाता। एक बार कवियों को 'तिहारी' समस्या की पूर्ति करनी थी। पिता पं० कृष्ण बिहारी वाजपेयी ने निम्नलिखित छन्द पढ़ा :

केते बेहाल परे चहुँधा अरु केते पुकारें दवारी दवारी।
केते कलेजहिं काढ़ि मलें अरु केते न देह न गेह सम्हारी।
कवि कृष्ण कहाँ लों कहौं कटुता मिटि जाति अनेकन के हिय प्यारी।
अंजनि आँजि के लीहो कहा, यह नैन की तेग दुधारी तिहारी॥

बडे भाई ने पितामह पं० श्यामलाल वाजपेयी की प्रशंसा में जो कवित्त

लिखा वह इस प्रकार था :

श्यामलाल वाजपेयी बाबा जो विदित नाम,
पण्डित प्रचण्ड जाकी प्रतिभा प्रकासी है।
पाठन-पठन में बिताय तीन पन दीन्हें,
आसपास जासु योग्यता की धाक खासी है।
गुनिन को गाहक, गुमानिन गुमान भरो,
साधु, सन्त, भक्तन की सेवा अभिलासी है।
श्रेष्ठ कान्यकुब्ज वंश अवतंस 'अवधेश',
आगरा जिले को सुबटेसुर निवासी है।।

परिवार के अनुकूल वातावरण में, संगी-साथियों की देखादेखी, मैंने भी तुक से तुक भिड़ाना शुरू कर दिया। कवि-सम्मेलनों में जाने लगा। पहले श्रोता के रूप में और बाद में 'उदीयमान' किशोर कवि के रूप में। अपनी पहली तुकबन्दियाँ मुझे याद नहीं हैं, जिस कविता का स्मरण है वह 'ताजमहल' पर लिखी गई थी। कविता लीक से हटकर थी और उसमें 'ताज़' के सौन्दर्य पक्ष का वर्णन न होकर उसका निर्माण कितने शोषण के बाद हुआ, इसका चित्रण था। वह कविता हाई स्कूल की पत्रिका में छपी थी।

कुछ मित्र कहते हैं, यदि मैं राजनीति में न आता तो चोटी का कवि होता। चोटी-एड़ी की बात मैं नहीं जानता, किन्तु इतना अवश्य है कि राजनीति ने मेरी काव्य-रसधारा को अवरुद्ध किया है। फिर भी, मैं उसे पूरी तरह अपने उदीयमान कवि को म्रियमाण करने के लिए दोषी नहीं ठहराता। कानून की पढ़ाई आधी छोड़कर, जब से मैंने लखनऊ से प्रकाशित 'राष्ट्रधर्म' मासिक पत्रिका का सम्पादन भार सँभाला, तभी से कविता लिखने के लिए समय निकालना कठिन हो गया। काव्य-रचना न केवल समय माँगती है, बल्कि उपयुक्त वातावरण का तकाजा भी करती है। यदि प्रकाशन सामग्री प्रेस में भेजने की जल्दी है, प्रेस का मैनेजर सामग्री के लिए सिर पर खड़ा है, निश्चित समय तक पत्रिका का प्रकाशन जरूरी है, तो फिर कल्पना की ऊँची उड़ानें भरना और लेखनी को अभ्यंतर के रस में गहरा डुबोकर, उमड़ते-घुमड़ते भावों को कागज पर उतारने का समय कहाँ रहता है।

साप्ताहिक और दैनिक पत्र के सम्पादक के नाते कविता और भी दूर चली गई। मन में जो भाव उठते थे, उन्हें लेखों में व्यक्त कर देता था। बाद

में जब राजनीति में आया तब कविता क्या, गद्य लेखन भी कठिन हो गया। सारी ऊर्जा भाषणों में खर्च होने लगी। 1957 में जब पहली बार लोकसभा का सदस्य चुना गया, भाषण ही अभिव्यक्ति का प्रमुख साधन बन गया। यदाकदा ही लेख या कविता लिखने का अवसर निकाल पाता।

सचाई यह है कि कविता और राजनीति साथ-साथ नहीं चल सकतीं। ऐसी राजनीति, जिसमें प्रायः प्रतिदिन भाषण देना जरूरी है और भाषण भी ऐसा जो श्रोताओं को प्रभावित कर सके, तो फिर कविता की एकान्त साधना के लिए समय और वातावरण ही कहाँ मिल पाता है। मैंने जो थोड़ी-सी कविताएँ लिखी हैं, वे परिस्थिति सापेक्ष हैं और आसपास की दुनिया को प्रतिबिम्बित करती हैं। अपने कवि के प्रति ईमानदार रहने के लिए मुझे काफी कीमत चुकानी पड़ी है, किन्तु कवि और राजनीतिक कार्यकर्ता के बीच मेल बिठाने का मैं निरन्तर प्रयास करता रहा हूँ। कभी-कभी इच्छा होती है कि सब कुछ छोड़-छाड़कर कहीं एकान्त में पढ़ने, लिखने और चिन्तन करने में अपने को खो दूँ, किन्तु ऐसा नहीं कर पाता। दुविधा से भरे जीवन के सात दशक बीत गए, जो कुछ बचे-खुचे हैं वे भी इसी तरह बीत जाएँगे।

मुझे आशा है कि मेरी सभी काव्य-रचनाओं को एक स्थान पर देखकर प्रेमी पाठक प्रसन्न होंगे। इधर-उधर बिखरी कविताओं को समेटकर जिन्होंने उन्हें इस संग्रह का स्वरूप दिया है, उन सबके प्रति मैं आभार प्रकट करता हूँ।

19-4-95

अटल बिहारी वाजपेयी

संपादकीय

श्री अटल बिहारी वाजपेयी की कविताएँ बचपन से ही मुझे प्रिय रही हैं। कई कविताएँ मिडिल स्कूल के दिनों में कंठस्थ भी की थीं। अन्त्याक्षरी प्रतियोगिताओं में उन्हें सुनाता था। स्नातक कक्षाओं में आते-आते पत्र-पत्रिकाओं में भी यदा-कदा उनकी कविताएँ पढ़ने को पा जाता। जब थोड़ा-बहुत लिखने और छपने लगा तो कई श्रेष्ठ पत्रिकाओं में मुझे अटल जी के साथ छपने का सौभाग्य प्राप्त हुआ। उनकी कविताएँ जहाँ भी मुझे मिलतीं, मैं एकत्रित कर लेता।

जब मैंने उनसे काव्य-संग्रह की बात कही तो उन्होंने टाल दिया। पर मैं हिम्मत नहीं हारा। आखिर उन्होंने अनुमति दे दी। उनकी कविताएँ मुझे कुछ ऐसे लोगों से सुनने को मिलीं जिनको कई-कई कविताएँ पूरी की पूरी कंठस्थ हैं। जब मैंने उनकी इक्यावन कविताएँ एकत्रित कर लीं तो उन्होंने दिल्ली और लखनऊ में कई बैठकों में उन कविताओं की शुद्धता की पूरी-पूरी छानबीन की। पाण्डुलिपि की तैयारी में, मैंने जब-जब उनसे समय माँगा, उन्होंने समय दिया। उन क्षणों में मुझे कभी यह नहीं भान हुआ कि मैं एक शीर्ष राजनेता के पास बैठा हूँ। मुझे सदैव यही प्रतीत होता रहा कि पुरानी पीढ़ी के किसी रचनाकार से मिल रहा हूँ। उनसे साहित्यकारों के अनेक अनछुए संस्मरण भी सुनने को मिले।

कवि की प्राप्त सभी कविताओं को मैंने रचना की प्रकृति, तासीर और तेवर को देखकर चार भागों में विभक्त किया है—अनुभूति के स्वर, राष्ट्रीयता के स्वर, चुनौती के स्वर तथा विविध स्वर। 'अनुभूति के स्वर' में कवि की नई तर्ज पर नए कथ्य और नए शिल्प के साथ दार्शनिकता के पुट से युक्त रचनाएँ हैं। 'राष्ट्रीयता के स्वर' में राष्ट्रभक्ति, राष्ट्रप्रेम और राष्ट्राराधन की रचनाएँ रखी गई हैं। 'चुनौती के स्वर' में वे कविताएँ हैं जिनमें राष्ट्र के पौरुष और गौरव के वर्णन के साथ उन सभी को चुनौतियाँ दी गई हैं, जो राष्ट्र के मान-मर्यादा में बट्टा लगाना चाहते हैं। 'विविध स्वर' में उन

कविताओं को रखा गया है जिनमें समय-समय पर कवि ने अपने व्यक्तिगत मन की तरंगों को टाँका है। परिशिष्ट में कवि-परिचय और काव्य-परिचय प्रस्तुत किया गया है।

संग्रह की इस पुष्पवाटिका के सारे पुष्प कविवर अटल जी के हैं, मैं तो मात्र माली हूँ। मैं उनके आशीर्वाद का ही पात्र बना रहना चाहता हूँ।

इस संग्रह की तैयारी में प्रो० विष्णुकान्त शास्त्री द्वारा संपादित कृति 'अमर आग है' तथा श्रीयुत दीनानाथ मिश्र द्वारा संपादित 'कैदी कविराय की कुण्डलियाँ' पुस्तक से जो सहायता मिली है, उसके लिए मैं दोनों बंधुओं के प्रति आभार प्रकट करता हूँ। 'कादम्बिनी', 'राष्ट्रधर्म', 'धर्मयुग', 'साप्ताहिक हिन्दुस्तान' तथा 'नवनीत' के संपादकों को भी मैं धन्यवाद देता हूँ; क्योंकि इन पत्रिकाओं से भी मैंने सहायता ली है। बंधुवर शिवकुमार जी ने समय-समय पर सामग्री जुटाने में मेरी सहायता की है, मैं उनके प्रति आभार व्यक्त करता हूँ। यदि कृति पाठकों को पसंद आएगी तो इसे मैं अपना सौभाग्य मानूँगा।

चन्द्रिका प्रसाद शर्मा

सी 10—के रोड, महानगर
लखनऊ—226006
27-4-95

क्रम

अनुभूति के स्वर

1. आओ फिर से दिया जलाएँ ... 15
2. हरी-हरी दूब पर ... 16
3. पहचान ... 18
4. गीत नहीं गाता हूँ ... 21
5. न मैं चुप हूँ, न गाता हूँ ... 22
6. गीत नया गाता हूँ ... 23
7. ऊँचाई ... 24
8. कौरव कौन, कौन पाण्डव ... 27
9. दूध में दरार पड़ गई ... 28
10. मन का संतोष ... 29
11. झुक नहीं सकते ... 31
12. दूर कहीं कोई रोता है ... 32
13. जीवन बीत चला ... 33
14. मौत से ठन गई ... 34
15. राह कौन-सी जाऊँ मैं ? ... 36
16. मैं सोचने लगता हूँ ... 37
17. हिरोशिमा की पीड़ा ... 38
18. नए मील का पत्थर (इकसठवीं वर्षगाँठ पर) ... 40
19. मोड़ पर (पचीस दिसम्बर 1993, जन्म-दिवस पर) ... 41
20. आओ, मन की गाँठें खोलें (पचीस दिसम्बर 1994) ... 42
21. नई गाँठ लगती ... 43
22. यक्ष प्रश्न ... 44
23. क्षमायाचना ... 46

राष्ट्रीयता के स्वर

24. स्वतंत्रता दिवस की पुकार ... 49
25. अमर आग है ... 50
26. परिचय ... 55
27. आज सिंधु में ज्वार उठा है ... 58

28. जम्मू की पुकार ... 60
29. कोटि चरण बढ़ रहे ध्येय की ओर निरंतर ... 63
30. गगन में लहरता है भगवा हमारा ... 67
31. उनकी याद करें ... 70
32. अमर है गणतंत्र (गणतंत्र दिवस 1975) ... 72
33. सत्ता ... 73

चुनौती के स्वर

34. मातृपूजा प्रतिबंधित ... 77
35. कंठ-कंठ में एक राग है ... 78
36. आए जिस-जिस की हिम्मत हो ... 80
37. एक बरस बीत गया ... 82
38. जीवन की ढलने लगी साँझ ... 83
39. पुनः चमकेगा दिनकर ... 84
40. कदम मिलाकर चलना होगा ... 85
41. पड़ोसी से ... 87

विविध स्वर

42. रोते-रोते रात सो गई ... 91
43. बुलाती तुम्हें मनाली ... 92
44. अन्तर्द्वन्द्व ... 93
45. बबली की दिवाली ... 94
46. अपने ही मन से कुछ बोलें ... 97
47. मनाली मत जइयो ... 98
48. देखो हम बढ़ते ही जाते ... 99
49. जंग न होने देंगे ... 101
50. आओ मर्दो, नामर्द बनो ... 103
51. सपना टूट गया ... 105

परिशिष्ट

कवि-परिचय ... 109
काव्य-वैभव ... 125
शिल्प-सौंदर्य ... 141
कवि से एक साक्षात्कार ... 150
कवि की पहचान की पड़ताल ... 156
आधे कवि : आधे राजनेता ... 160

अनुभूति के स्वर

मेरे प्रभु !
मुझे इतनी ऊँचाई कभी मत देना
ग़ैरों को गले न लगा सकूँ
इतनी रुखाई
कभी मत देना।

आओ फिर से दिया जलाएँ

भरी दुपहरी में अँधियारा,
सूरज परछाईं से हारा,
अन्तरतम का नेह निचोड़ें, बुझी हुई बाती सुलगाएँ।
आओ फिर से दिया जलाएँ।

हम पड़ाव को समझे मंजिल,
लक्ष्य हुआ आँखों से ओझल,
वर्तमान के मोहजाल में आने वाला कल न भुलाएँ।
आओ फिर से दिया जलाएँ।

आहुति बाकी, यज्ञ अधूरा,
अपनों के विघ्नों ने घेरा,
अंतिम जय का वज्र बनाने, नव दधीचि हड्डियाँ गलाएँ।
आओ फिर से दिया जलाएँ।

हरी-हरी दूब पर

हरी-हरी दूब पर
ओस की बूँदें
अभी थीं,
अब नहीं हैं।
ऐसी खुशियाँ
जो हमेशा हमारा साथ दें
कभी नहीं थीं,
कहीं नहीं हैं।

क्वाँर की कोख से
फूटा बाल सूर्य,
जब पूरब की गोद में
पाँव फैलाने लगा,
तो मेरी बगीची का
पत्ता-पत्ता जगमगाने लगा,
मैं उगते सूर्य को नमस्कार करूँ
या उसके ताप से भाप बनी,
ओस की बूँदों को ढूँढूँ?

सूर्य एक सत्य है
जिसे झुठलाया नहीं जा सकता
मगर ओस भी तो एक सच्चाई है
यह बात अलग है कि ओस क्षणिक है
क्यों न मैं क्षण-क्षण को जीऊँ?
कण-कण में बिखरे सौन्दर्य को पीऊँ?

सूर्य तो फिर भी उगेगा,
धूप तो फिर भी खिलेगी,
लेकिन मेरी बगीची की
हरी-हरी दूब पर,
ओस की बूँद
हर मौसम में नहीं मिलेगी।

पहचान

पेड़ के ऊपर चढ़ा आदमी
ऊँचा दिखाई देता है।
जड़ में खड़ा आदमी
नीचा दिखाई देता है।

आदमी न ऊँचा होता है, न नीचा होता है,
न बड़ा होता है, न छोटा होता है।
आदमी सिर्फ आदमी होता है।

पता नहीं इस सीधे, सपाट सत्य को
दुनिया क्यों नहीं जानती ?
और अगर जानती है,
तो मन से क्यों नहीं मानती ?

इससे फर्क नहीं पड़ता
कि आदमी कहाँ खड़ा है ?
पथ पर या रथ पर ?
तीर पर या प्राचीर पर ?

फर्क इससे पड़ता है कि जहाँ खड़ा है,
या जहाँ उसे खड़ा होना पड़ा है,
वहाँ उसका धरातल क्या है ?

हिमालय की चोटी पर पहुँच,
एवरेस्ट-विजय की पताका फहरा,
कोई विजेता यदि ईर्ष्या से दग्ध
अपने साथी से विश्वासघात करे,

तो क्या उसका अपराध
इसलिए क्षम्य हो जाएगा कि
वह एवरेस्ट की ऊँचाई पर हुआ था ?

नहीं, अपराध अपराध ही रहेगा,
हिमालय की सारी धवलता
उस कालिमा को नहीं ढक सकती ।

कपड़ों की दूधिया सफेदी जैसे
मन की मलिनता को नहीं छिपा सकती ।

किसी संत कवि ने कहा है कि
मनुष्य के ऊपर कोई नहीं होता,
मुझे लगता है कि मनुष्य के ऊपर
उसका मन होता है ।

छोटे मन से कोई बड़ा नहीं होता,
टूटे मन से कोई खड़ा नहीं होता ।

इसीलिए तो भगवान कृष्ण को
शस्त्रों से सज्ज, रथ पर चढ़े,
कुरुक्षेत्र के मैदान में खड़े,
अर्जुन को गीता सुनानी पड़ी थी ।

मन हार कर, मैदान नहीं जीते जाते,
न मैदान जीतने से मन ही जीते जाते हैं ।

चोटी से गिरने से
अधिक चोट लगती है ।
अस्थि जुड़ जाती,
पीड़ा मन में सुलगती है ।

इसका अर्थ यह नहीं कि
चोटी पर चढ़ने की चुनौती ही न मानें,
इसका अर्थ यह भी नहीं कि
परिस्थिति पर विजय पाने की न ठानें।

आदमी जहाँ है, वहीं खड़ा रहे ?
दूसरों की दया के भरोसे पर पड़ा रहे ?
जड़ता का नाम जीवन नहीं है,
पलायन पुरोगमन नहीं है।

आदमी को चाहिए कि वह जूझे,
परिस्थितियों से लड़े,
एक स्वप्न टूटे तो दूसरा गढ़े।

किंतु कितना भी ऊँचा उठे,
मनुष्यता के स्तर से न गिरे,
अपने धरातल को न छोड़े,
अन्तर्यामी से मुँह न मोड़े।

एक पाँव धरती पर रख कर ही
वामन भगवान ने आकाश, पाताल को जीता था।
धरती ही धारण करती है,
कोई इस पर भार न बने,
मिथ्या अभिमान से न तने।

आदमी की पहचान,
उसके धन या आसन से नहीं होती,
उसके मन से होती है।
मन की फकीरी पर
कुबेर की सम्पदा भी रोती है।

गीत नहीं गाता हूँ

बेनकाब चेहरे हैं,
दाग बड़े गहरे हैं,
टूटता तिलस्म, आज सच से भय खाता हूँ।
गीत नहीं गाता हूँ।

लगी कुछ ऐसी नज़र,
बिखरा शीशे सा शहर,
अपनों के मेले में मीत नहीं पाता हूँ।
गीत नहीं गाता हूँ।

पीठ में छुरी सा चाँद,
राहु गया रेखा फाँद,
मुक्ति के क्षणों में बार-बार बँध जाता हूँ।
गीत नहीं गाता हूँ।

न मैं चुप हूँ, न गाता हूँ

सवेरा है, मगर पूरब दिशा में घिर रहे बादल,
रुई से धुँधलके में मील के पत्थर पड़े घायल,
ठिठके पाँव,
ओझल गाँव,
जड़ता है न गतिमयता,
स्वयं को दूसरों की दृष्टि से मैं देख पाता हूँ।
न मैं चुप हूँ, न गाता हूँ।

समय की सर्द साँसों ने चिनारों को झुलस डाला,
मगर हिमपात को देती चुनौती एक द्रुममाला,
बिखरे नीड़,
विहँसी चीड़,
आँसू हैं न मुस्कानें,
हिमानी झील के तट पर अकेला गुनगुनाता हूँ।
न मैं चुप हूँ, न गाता हूँ।

गीत नया गाता हूँ

टूटे हुए तारों से फूटे वासन्ती स्वर,
पत्थर की छाती में उग आया नव अंकुर,
झरे सब पीले पात,
कोयल की कुहुक रात,
प्राची में अरुणिमा की रेख देख पाता हूँ।
गीत नया गाता हूँ।

टूटे हुए सपने की सुने कौन सिसकी ?
अन्तर को चीर व्यथा पलकों पर ठिठकी।
हार नहीं मानूँगा,
रार नई ठानूँगा,
काल के कपाल पर लिखता-मिटाता हूँ।
गीत नया गाता हूँ।

ऊँचाई

ऊँचे पहाड़ पर,
पेड़ नहीं लगते,
पौधे नहीं उगते,
न घास ही जमती है ।

जमती है सिर्फ बर्फ,
जो कफन की तरह सफेद और
मौत की तरह ठंडी होती है ।
खेलती, खिलखिलाती नदी,
जिसका रूप धारण कर
अपने भाग्य पर बूँद-बूँद रोती है ।

ऐसी ऊँचाई,
जिसका परस,
पानी को पत्थर कर दे,
ऐसी ऊँचाई
जिसका दरस हीन भाव भर दे,
अभिनन्दन की अधिकारी है,
आरोहियों के लिए आमंत्रण है,
उस पर झण्डे गाड़े जा सकते हैं,
किंतु कोई गौरैया,
वहाँ नीड़ नहीं बना सकती,
न कोई थका-माँदा बटोही,
उसकी छाँव में पलभर पलक ही झपका सकता है ।

सच्चाई यह है कि
केवल ऊँचाई ही काफी नहीं होती,
सबसे अलग-थलग

परिवेश से पृथक,
अपनों से कटा-बँटा,
शून्य में अकेला खड़ा होना,
पहाड़ की महानता नहीं,
मजबूरी है ।
ऊँचाई और गहराई में
आकाश-पाताल की दूरी है ।

जो जितना ऊँचा,
उतना ही एकाकी होता है,
हर भार को स्वयं ही ढोता है,
चेहरे पर मुस्कानें चिपका,
मन ही मन रोता है ।

जरूरी यह है कि
ऊँचाई के साथ विस्तार भी हो,
जिससे मनुष्य
ठूँठ-सा खड़ा न रहे,
औरों से घुले-मिले,
किसी को साथ ले,
किसी के संग चले ।

भीड़ में खो जाना,
यादों में डूब जाना,
स्वयं को भूल जाना,

अस्तित्व को अर्थ,
जीवन को सुगन्ध देता है ।

धरती को बौनों की नहीं,
ऊँचे कद के इंसानों की जरूरत है ।
इतने ऊँचे कि आसमान को छू लें,
नये नक्षत्रों में प्रतिभा के बीज बो लें,

किंतु इतने ऊँचे भी नहीं,
कि पाँव तले दूब ही न जमे,
कोई काँटा न चुभे,
कोई कली न खिले ।

न वसंत हो, न पतझड़,
हो सिर्फ ऊँचाई का अंधड़,
मात्र अकेलेपन का सन्नाटा ।

मेरे प्रभु !
मुझे इतनी ऊँचाई कभी मत देना
गैरों को गले न लगा सकूँ
इतनी रुखाई कभी मत देना ।

'पद्मविभूषण' अलंकरण से सम्मानित होने पर 24 अप्रैल, 1992 को दिल्ली में अपने अभिनन्दन समारोह में आयोजित स्व-जीवन-दर्शन पर पठित कविता ।

कौरव कौन, कौन पाण्डव

कौरव कौन
कौन पाण्डव,
टेढ़ा सवाल है।
दोनों ओर शकुनि
का फैला
कूट जाल है।
धर्मराज ने छोड़ी नहीं
जुए की लत है।
हर पंचायत में
पांचाली
अपमानित है।
बिना कृष्ण के
आज
महाभारत होना है,
कोई राजा बने,
रंक को तो रोना है।

दूध में दरार पड़ गई

खून क्यों सफेद हो गया ?
भेद में अभेद खो गया।
बँट गए शहीद, गीत कट गए,
कलेजे में कटार गड़ गई।
दूध में दरार पड़ गई।

खेतों में बारूदी गंध,
टूट गए नानक के छन्द
सतलुज सहम उठी, व्यथित सी वितस्ता है,
वसंत से बहार झड़ गई।
दूध में दरार पड़ गई।

अपनी ही छाया से बैर,
गले लगने लगे हैं गैर,
खुदकुशी का रास्ता, तुम्हें वतन का वास्ता
बात बनाएँ, बिगड़ गई।
दूध में दरार पड़ गई।

मन का संतोष

पृथिवी पर
मनुष्य ही ऐसा एक प्राणी है,
जो भीड़ में अकेला, और,
अकेले में भीड़ से घिरा अनुभव करता है।

मनुष्य को झुण्ड में रहना पसंद है।
घर-परिवार से प्रारम्भ कर,
वह बस्तियाँ बसाता है।
गली-ग्राम-पुर-नगर सजाता है।

सभ्यता की निष्ठुर दौड़ में,
संस्कृति को पीछे छोड़ता हुआ,
प्रकृति पर विजय,
मृत्यु को मुट्ठी में करना चाहता है।

अपनी रक्षा के लिए
औरों के विनाश के सामान जुटाता है।
आकाश को अभिशप्त,
धरती को निर्वसन,
वायु को विषाक्त,
जल को दूषित करने में संकोच नहीं करता।

किंतु, यह सब कुछ करने के बाद
जब वह एकांत में बैठकर विचार करता है,
वह एकान्त, फिर घर का कोना हो,
या कोलाहल से भरा बाजार,

या प्रकाश की गति से तेज उड़ता जहाज,
या कोई वैज्ञानिक प्रयोगशाला,
या मंदिर
या मरघट ।

जब वह आत्मालोचन करता है,
मन की परतें खोलता है,
स्वयं से बोलता है,
हानि-लाभ का लेखा-जोखा नहीं,
क्या खोया, क्या पाया का हिसाब भी नहीं,
जब वह पूरी जिन्दगी को ही तौलता है,
अपनी कसौटी पर स्वयं को ही कसता है,
निर्ममता से निरखता, परखता है,
तब वह अपने मन से क्या कहता है !
इसी का महत्त्व है, यही उसका सत्य है ।

अंतिम यात्रा के अवसर पर,
विदा की वेला में,
जब सबका साथ छूटने लगता है,
शरीर भी साथ नहीं देता,
तब आत्मग्लानि से मुक्त
यदि कोई हाथ उठाकर यह कह सकता है
कि उसने जीवन में जो कुछ किया,
सही समझकर किया,
किसी को जानबूझकर चोट पहुँचाने के लिए नहीं,
सहज कर्म समझकर किया,
तो उसका अस्तित्व सार्थक है,
उसका जीवन सफल है ।

उसी के लिए यह कहावत बनी है,
मन चंगा तो कठौती में गंगाजल है ।

न्यूयार्क, 1994

झुक नहीं सकते

टूट सकते हैं मगर हम झुक नहीं सकते।
सत्य का संघर्ष सत्ता से,
न्याय लड़ता निरंकुशता से,
अँधेरे ने दी चुनौती है,
किरण अन्तिम अस्त होती है।

दीप निष्ठा का लिए निष्कम्प,
वज्र टूटे या उठे भूकम्प,
यह बराबर का नहीं है युद्ध,
हम निहत्थे, शत्रु है सन्नद्ध,
हर तरह के शस्त्र से है सज्ज,
और पशुबल हो उठा निर्लज्ज।

किन्तु फिर भी जूझने का प्रण,
पुनः अंगद ने बढ़ाया चरण,
प्राण-पण से करेंगे प्रतिकार,
समर्पण की माँग अस्वीकार।

दाँव पर सब कुछ लगा है, रुक नहीं सकते।
टूट सकते हैं मगर हम झुक नहीं सकते।

सन् 1975 में आपातस्थिति के दिनों में कारागार में लिखित रचना

दूर कहीं कोई रोता है

तन पर पहरा, भटक रहा मन,
साथी है केवल सूनापन,
बिछुड़ गया क्या स्वजन किसी का,
क्रन्दन सदा करुण होता है ।

जन्म-दिवस पर हम इठलाते,
क्यों न मरण-त्योहार मनाते,
अंतिम यात्रा के अवसर पर,
आँसू का अशकुन होता है ।

अंतर रोये, आँख न रोए,
धुल जाएँगे स्वप्न सँजोए,
छलना भरे विश्व में
केवल सपना ही तो सच होता है ।

इस जीवन से मृत्यु भली है,
आतंकित जब गली-गली है ।
मैं भी रोता आसपास जब
कोई कहीं नहीं होता है ।
दूर कहीं कोई रोता है ।

जीवन बीत चला

कल, कल करते, आज
हाथ से निकले सारे,
भूत भविष्यत् की चिंता में
वर्तमान की बाजी हारे,

पहरा कोई काम न आया
रसघट रीत चला।
जीवन बीत चला।

हानि-लाभ के पलड़ों में
तुलता जीवन व्यापार हो गया,
मोल लगा बिकने वाले का,
बिना बिका बेकार हो गया,

मुझे हाट में छोड़ अकेला
एक-एक कर मीत चला।
जीवन बीत चला।

सन् 1960, जन्मदिन पर रचित

मौत से ठन गई

ठन गई !
मौत से ठन गई !

जूझने का मेरा कोई इरादा न था,
मोड़ पर मिलेंगे इसका वादा न था,
रास्ता रोक कर वह खड़ी हो गई,
यों लगा जिन्दगी से बड़ी हो गई।

मौत की उम्र क्या ? दो पल भी नहीं,
जिन्दगी-सिलसिला, आज कल की नहीं,
मैं जी भर जिया, मैं मन से मरूँ,
लौटकर आऊँगा, कूच से क्यों डरूँ ?

तू दबे पाँव, चोरी-छिपे से न आ,
सामने वार कर, फिर मुझे आजमा।
मौत से बेखबर, जिन्दगी का सफर,
शाम हर सुरमई, रात बंसी का स्वर,
बात ऐसी नहीं कि कोई गम ही नहीं,
दर्द अपने-पराए कुछ कम भी नहीं।

प्यार इतना परायों से मुझको मिला,
न अपनों से बाकी है कोई गिला,
हर चुनौती से दो हाथ मैंने किए,
आँधियों में जलाए हैं बुझते दिए,
आज झकझोरता तेज तूफान है,
नाव भँवरों की बाँहों में मेहमान है,

पार पाने का कायम मगर हौसला,
देख तूफां का तेवर तरी तन गई,
मौत से ठन गई।

गम्भीर अस्वस्थता के बीच न्यूयार्क में रात को शब्दबद्ध किए गए भावों का दस्तावेज।

राह कौन-सी जाऊँ मैं ?

चौराहे पर लुटता चीर,
प्यादे से पिट गया वजीर,
चलूँ आखिरी चाल कि बाजी छोड़ विरक्ति रचाऊँ मैं ?
राह कौन-सी जाऊँ मैं ?

सपना जन्मा और मर गया,
मधु ऋतु में ही बाग झर गया,
तिनके बिखरे हुए बटोरूँ या नव सृष्टि सजाऊँ मैं ?
राह कौन-सी जाऊँ मैं ?

दो दिन मिले उधार में,
घाटे के व्यापार में,
क्षण-क्षण का हिसाब जोड़ूँ या पूँजी शेष लुटाऊँ मैं ?
राह कौन-सी जाऊँ मैं ?

मैं सोचने लगता हूँ

तेज रफ्तार से दौड़ती बसें,
बसों के पीछे भागते लोग,
बच्चे सम्हालती औरतें,

सड़कों पर इतनी धूल उड़ती है
कि मुझे कुछ दिखाई नहीं देता ।
मैं सोचने लगता हूँ ।

पुरखे सोचने के लिए आँखें बन्द करते थे,
मैं आँखें बन्द होने पर सोचता हूँ ।

बसें ठिकानों पर क्यों नहीं ठहरतीं ?
लोग लाइनों में क्यों नहीं लगते ?
आखिर यह भागदौड़ कब तक चलेगी ?

देश की राजधानी में,
संसद के सामने,
धूल कब तक उड़ेगी ?

मेरी आँखें बन्द हैं,
मुझे कुछ दिखाई नहीं देता ।
मैं सोचने लगता हूँ ।

हिरोशिमा की पीड़ा

किसी रात को
मेरी नींद अचानक उचट जाती है,
आँख खुल जाती है,
मैं सोचने लगता हूँ कि
जिन वैज्ञानिकों ने अणु अस्त्रों का
आविष्कार किया था :
वे हिरोशिमा-नागासाकी के
भीषण नरसंहार के समाचार सुनकर,
रात को सोये कैसे होंगे ?

दाँत में फँसा तिनका,
आँख की किरकिरी,
पाँव में चुभा काँटा,
आँखों की नींद,
मन का चैन उड़ा देते हैं।

सगे-संबंधी की मृत्यु,
किसी प्रिय का न रहना,
परिचित का उठ जाना,
यहाँ तक कि पालतू पशु का भी विछोह
हृदय में इतनी पीड़ा, इतना विषाद भर देता है कि
चेष्टा करने पर भी नींद नहीं आती है।
करवटें बदलते रात गुजर जाती है।

किंतु जिनके आविष्कार से
वह अंतिम अस्त्र बना
जिसने छः अगस्त उन्नीस सौ पैंतालीस की काल रात्रि को
हिरोशिमा-नागासाकी में मृत्यु का ताण्डव कर
दो लाख से अधिक लोगों की बलि ले ली,
हजारों को जीवन भर के लिए अपाहिज कर दिया।

क्या उन्हें एक क्षण के लिए सही, यह
अनुभूति हुई कि उनके हाथों जो कुछ
हुआ, अच्छा नहीं हुआ ?
यदि हुई, तो वक्त उन्हें कटघरे में खड़ा नहीं करेगा,
किंतु यदि नहीं हुई तो इतिहास उन्हें कभी
माफ नहीं करेगा।

नए मील का पत्थर

नए मील का पत्थर पार हुआ।

कितने पत्थर शेष न कोई जानता?
अन्तिम कौन पड़ाव नहीं पहचानता?
अक्षय सूरज, अखण्ड धरती,
केवल काया, जीती-मरती,
इसलिए उम्र का बढ़ना भी त्यौहार हुआ।
नए मील का पत्थर पार हुआ।

बचपन याद बहुत आता है,
यौवन रसघट भर लाता है,
बदला मौसम, ढलती छाया,
रिसती गागर, लुटती माया,
सब कुछ दाँव लगाकर घाटे का व्यापार हुआ।
नए मील का पत्थर पार हुआ।

इकसठवीं वर्षगाँठ पर

मोड़ पर

मुझे दूर का दिखाई देता है,
मैं दीवार पर लिखा पढ़ सकता हूँ,
मगर हाथ की रेखाएँ नहीं पढ़ पाता।

सीमा के पार भड़कते शोले
मुझे दिखाई देते हैं।

पर पाँवों के इर्द-गिर्द फैली गर्म राख
नज़र नहीं आती।
क्या मैं बूढ़ा हो चला हूँ?

हर पचीस दिसम्बर को
ज़ीने की एक नई सीढ़ी चढ़ता हूँ,
नए मोड़ पर
औरों से कम, स्वयं से ज़्यादा लड़ता हूँ।

मैं भीड़ को चुप करा देता हूँ,
मगर अपने को जवाब नहीं दे पाता,
मेरा मन मुझे अपनी ही अदालत में खड़ा कर,
जब जिरह करता है,
मेरा हलफनामा मेरे ही खिलाफ पेश करता है,
तो मैं मुकदमा हार जाता हूँ,
अपनी ही नज़र में गुनहगार बन जाता हूँ।

तब मुझे कुछ दिखाई नहीं देता,
न दूर का, न पास का,
मेरी उम्र अचानक दस साल बढ़ जाती है,
मैं सचमुच बूढ़ा हो जाता हूँ।

---

25 दिसम्बर, 1993, जन्म-दिवस पर

आओ, मन की गाँठें खोलें

यमुना तट, टीले रेतीले,
घास-फूस का घर डाँडे पर,
गोबर से लीपे आँगन में,
तुलसी का बिरवा, घण्टी स्वर,
माँ के मुँह से रामायण के दोहे-चौपाई रस घोलें !
आओ, मन की गाँठें खोलें !

बाबा की बैठक में बिछी
चटाई, बाहर रखे खड़ाऊँ,
मिलने वाले के मन में
असमंजस, जाऊँ या ना जाऊँ ?
माथे तिलक, नाक पर ऐनक, पोथी खुली, स्वयं से बोलें !
आओ, मन की गाँठें खोलें !

सरस्वती की देख साधना,
लक्ष्मी ने संबंध न जोड़ा,
मिट्टी ने माथे का चंदन
बनने का संकल्प न छोड़ा,
नए वर्ष की अगवानी में टुक रुक लें, कुछ ताजा हो लें !
आओ, मन की गाँठें खोलें !

---

25 दिसम्बर, 1994 जन्म-दिवस पर

नई गाँठ लगती

जीवन की डोर छोर छूने को मचली,
जाड़े की धूप स्वर्ण कलशों से फिसली,
अन्तर की अमराई
सोई पड़ी शहनाई,
एक दबे दर्द-सी सहसा ही जगती।
नई गाँठ लगती।

दूर नहीं, पास नहीं, मंजिल अजानी,
साँसों के सरगम पर चलने की ठानी,
पानी पर लकीर-सी,
खुली जंजीर-सी।
कोई मृगतृष्णा मुझे बार-बार छलती।
नई गाँठ लगती।

मन में लगी जो गाँठ मुश्किल से खुलती,
दागदार जिन्दगी न घाटों पर धुलती,
जैसी की तैसी नहीं,
जैसी है वैसी सही,
कबिरा की चादरिया बड़े भाग मिलती।
नई गाँठ लगती।

यक्ष प्रश्न

जो कल थे,
वे आज नहीं हैं।
जो आज हैं,
वे कल नहीं होंगे।
होने, न होने का क्रम,
इसी तरह चलता रहेगा,
हम हैं, हम रहेंगे,
यह भ्रम भी सदा पलता रहेगा।
सत्य क्या है?
होना या न होना?
या दोनों ही सत्य हैं?
जो है, उसका होना सत्य है,
जो नहीं है, उसका न होना सत्य है।
मुझे लगता है कि
होना-न-होना एक ही सत्य के
दो आयाम हैं,
शेष सब समझ का फेर,
बुद्धि के व्यायाम हैं।

किन्तु न होने के बाद क्या होता है,
यह प्रश्न अनुत्तरित है।

प्रत्येक नया नचिकेता,
इस प्रश्न की खोज में लगा है।
सभी साधकों को इस प्रश्न ने ठगा है।
शायद यह प्रश्न, प्रश्न ही रहेगा।

यदि कुछ प्रश्न अनुत्तरित रहें
तो इसमें बुराई क्या है ?
हाँ, खोज का सिलसिला न रुके,
धर्म की अनुभूति,
विज्ञान का अनुसंधान,
एक दिन, अवश्य ही
रुद्ध द्वार खोलेगा।
प्रश्न पूछने के बजाय
यक्ष स्वयं उत्तर बोलेगा।

क्षमायाचना

क्षमा करो बापू ! तुम हम को,
वचन भंग के हम अपराधी,
राजघाट को किया अपावन,
मंजिल भूले, यात्रा आधी।

जयप्रकाश जी ! रखो भरोसा,
टूटे सपनों को जोड़ेंगे।
चिताभस्म की चिनगारी से,
अंधकार के गढ़ तोड़ेंगे।

राष्ट्रीयता के स्वर

किसने ऐसा दूध पिया जो रोके गति तूफानी।
यह जीवन का ज्वार चली उफनाती प्रखर जवानी।
युवक हार जाते हैं लेकिन यौवन कभी नहीं हारा।
एक निमिष की बात नहीं है चिर संघर्ष हमारा।

स्वतन्त्रता दिवस की पुकार

पन्द्रह अगस्त का दिन कहता—आजादी अभी अधूरी है।
सपने सच होने बाकी हैं, रावी की शपथ न पूरी है॥

जिनकी लाशों पर पग धर कर आजादी भारत में आई।
वे अब तक हैं खानाबदोश गम की काली बदली छाई॥

कलकत्ते के फुटपाथों पर जो आँधी-पानी सहते हैं।
उनसे पूछो, पन्द्रह अगस्त के बारे में क्या कहते हैं॥

हिन्दू के नाते उनका दुःख सुनते यदि तुम्हें लाज आती।
तो सीमा के उस पार चलो सभ्यता जहाँ कुचली जाती॥

इन्सान जहाँ बेचा जाता, ईमान खरीदा जाता है।
इस्लाम सिसकियाँ भरता है, डालर मन में मुस्काता है॥

भूखों को गोली नंगों को हथियार पिन्हाये जाते हैं।
सूखे कण्ठों से जेहादी नारे लगवाए जाते हैं॥

लाहौर, कराची, ढाका पर मातम की है काली छाया।
पख्तूनों पर, गिलगित पर है गमगीन गुलामी का साया॥

बस इसीलिए तो कहता हूँ आजादी अभी अधूरी है।
कैसे उल्लास मनाऊँ मैं? थोड़े दिन की मजबूरी है॥

दिन दूर नहीं खण्डित भारत को पुनः अखण्ड बनाएँगे।
गिलगित से गारो पर्वत तक आजादी पर्व मनाएँगे॥

उस स्वर्ण दिवस के लिए आज से कमर कसें बलिदान करें।
जो पाया उसमें खो न जाएँ, जो खोया उसका ध्यान करें॥

---

15 अगस्त 1947 को लिखित

अमर आग है

कोटि-कोटि आकुल हृदयों में
सुलग रही है जो चिनगारी,
अमर आग है, अमर आग है।

उत्तर दिशि में अजित दुर्ग सा,
जागरूक प्रहरी युग-युग का,
मूर्तिमन्त स्थैर्य, धीरता की प्रतिमा सा,
अटल अडिग नगपति विशाल है।

नभ की छाती को छूता सा,
कीर्ति-पुञ्ज सा,
दिव्य दीपकों के प्रकाश में—
झिल-मिल-झिल-मिल—
ज्योतित माँ का पूज्य भाल है।

कौन कह रहा उसे हिमालय?
वह तो हिमावृत्त ज्वालागिरि,
अणु-अणु कण-कण, गह्वर-कन्दर,
गुञ्जित ध्वनित कर रहा अब तक
डिम-डिम डमरू का भैरव स्वर।
गौरीशंकर के गिरि गह्वर
शैल-शिखर, निर्झर, वन-उपवन
तरु तृण दीपित।

शंकर के तीसरे नयन की—
प्रलय-वह्नि से जगमग ज्योतित।

जिसको छू कर,
क्षण भर ही में
काम रह गया था मुट्ठी भर।

यही आग ले प्रतिदिन प्राची
अपना अरुण सुहाग सजाती,
और प्रखर दिनकर की,
कंचन काया,
इसी आग में पल कर
निशि-निशि, दिन-दिन,
जल-जल, प्रतिपल,
सृष्टि-प्रलय-पर्यन्त तमावृत
जगती को रास्ता दिखाती।

यही आग ले हिन्दमहासागर की
छाती है धधकाती।
लहर-लहर प्रज्वाल लपट बन
पूर्व-पश्चिमी घाटों को छू,
सदियों की हतभाग्य निशा में
सोये शिलाखण्ड सुलगाती।

नयन-नयन में यही आग ले
कण्ठ-कण्ठ में प्रलय-राग ले,
अब तक हिन्दुस्तान जिया है।

इसी आग की दिव्य विभा में,
सप्त-सिंधु के कल कछार पर,
सुर-सरिता की धवल धार पर
तीर-तटों पर,
पर्णकुटी में, पर्णासन पर,
कोटि-कोटि ऋषियों-मुनियों ने
दिव्य ज्ञान का सोम पिया था।

जिसका कुछ उच्छिष्ट मात्र
बर्बर पश्चिम ने,
दया दान सा,
निज जीवन को सफल मान कर,
कर पसार कर,
सिर-आँखों पर धार लिया था।

वेद-वेद के मन्त्र-मन्त्र में
मन्त्र-मन्त्र की पंक्ति-पंक्ति में
पंक्ति-पंक्ति के शब्द-शब्द में,
शब्द-शब्द के अक्षर स्वर में,
दिव्य ज्ञान-आलोक प्रदीपित,
सत्यं, शिवं, सुन्दरं शोभित,
कपिल, कणाद और जैमिनि की
स्वानुभूति का अमर प्रकाशन,
विशद-विवेचन, प्रत्यालोचन,
ब्रह्म, जगत, माया का दर्शन।
कोटि-कोटि कंठों में गूँजा
जो अतिमंगलमय स्वर्गिक स्वर,
अमर राग है, अमर आग है।
कोटि-कोटि आकुल हृदयों में
सुलग रही है जो चिनगारी
अमर आग है, अमर आग है।

यही आग सरयू के तट पर
दशरथ जी के राजमहल में,
घन-समूह में चल चपला सी,
प्रगट हुई प्रज्वलित हुई थी।
दैत्य-दानवों के अधर्म से
पीड़ित पुण्यभूमि का जन-जन,
शंकित मन-मन,
त्रसित विप्र,

आकुल मुनिवर-गण,
बोल रही अधर्म की तूती
दुस्तर हुआ धर्म का पालन।

तब स्वदेश-रक्षार्थ देश का
सोया क्षत्रियत्व जागा था।
राम-रूप में प्रगट हुई यह ज्वाला,
जिसने
असुर जलाए
देश बचाया,
वाल्मीकि ने जिसको गाया।

चकाचौंध दुनिया ने देखी
सीता के सतीत्व की ज्वाला,
विश्व चकित रह गया देख कर
नारी की रक्षा-निमित्त जब
नर क्या वानर ने भी अपना,
महाकाल की बलि-वेदी पर,
अगणित हो कर
सस्मित हर्षित शीश चढ़ाया।

यही आग प्रज्वलित हुई थी—
यमुना की आकुल आहों से,
अत्याचार-प्रपीड़ित ब्रज के
अश्रु-सिन्धु में बड़वानल बन।
कौन सह सका माँ का क्रन्दन?
दीन देवकी ने कारा में,
सुलगाई थी यही आग, जो
कृष्ण-रूप में फूट पड़ी थी।
जिसको छू कर,
माँ के कर की कड़ियाँ,
पग की लड़ियाँ,
चट-चट टूट पड़ी थीं।

पाञ्चजन्य का भैरव स्वर सुन,
तड़प उठा आक्रुद्ध सुदर्शन,
अर्जुन का गाण्डीव
भीम की गदा,
धर्म का धर्म डट गया,
अमर भूमि में,
समर भूमि में,
धर्म भूमि में,
कर्म भूमि में,
गूँज उठी गीता की वाणी,
मंगलमय जन-जन कल्याणी।

अपढ़, अजान विश्व ने पाई
शीश झुका कर एक धरोहर।
कौन दार्शनिक दे पाया है
अब तक ऐसा जीवन-दर्शन?

कालिंदी के कल कछार पर
कृष्ण-कंठ से गूँजा जो स्वर
अमर राग है, अमर राग है।

कोटि-कोटि आकुल हृदयों में
सुलग रही है जो चिनगारी,
अमर आग है, अमर आग है।

परिचय

हिन्दू तन-मन, हिन्दू जीवन, रग-रग हिन्दू मेरा परिचय !

मैं शंकर का वह क्रोधानल कर सकता जगती क्षार-क्षार।
डमरू की वह प्रलय-ध्वनि हूँ जिसमें नचता भीषण संहार।
रणचण्डी की अतृप्त प्यास, मैं दुर्गा का उन्मत्त हास।
मैं यम की प्रलयंकर पुकार, जलते मरघट का धुआँधार।
फिर अन्तरतम की ज्वाला से, जगती में आग लगा दूँ मैं।
यदि धधक उठे जल, थल, अम्बर, जड़, चेतन तो कैसा विस्मय ?
हिन्दू तन-मन, हिन्दू जीवन, रग-रग हिन्दू मेरा परिचय !

मैं आदि पुरुष, निर्भयता का वरदान लिए आया भू पर।
पय पी कर सब मरते आये, मैं अमर हुआ लो विष पी कर।
अधरों की प्यास बुझाई है, पी कर मैंने वह आग प्रखर।
हो जाती दुनिया भस्मसात्, जिसको पल भर में ही छू कर।
भय से व्याकुल फिर दुनिया ने प्रारम्भ किया मेरा पूजन।
मैं नर, नारायण, नीलकंठ बन गया न इस में कुछ संशय।
हिन्दू तन-मन, हिन्दू जीवन, रग-रग हिन्दू मेरा परिचय !

मैं अखिल विश्व का गुरु महान्, देता विद्या का अमरदान।
मैंने दिखलाया मुक्ति-मार्ग, मैंने सिखलाया ब्रह्मज्ञान।
मेरे वेदों का ज्ञान अमर, मेरे वेदों की ज्योति प्रखर।
मानव के मन का अंधकार, क्या कभी सामने सका ठहर ?
मेरा स्वर नभ में घहर-घहर, सागर के जल में छहर-छहर।
इस कोने से उस कोने तक, कर सकता जगती सौरभमय।
हिन्दू तन-मन, हिन्दू जीवन, रग-रग हिन्दू मेरा परिचय !

मैं तेजपुंज, तमलीन जगत में फैलाया मैंने प्रकाश।
जगती का रच करके विनाश, कब चाहा है निज का विकास?
शरणागत की रक्षा की है, मैंने अपना जीवन दे कर।
विश्वास नहीं यदि आता तो साक्षी है यह इतिहास अमर।
यदि आज देहली के खण्डहर, सदियों की निद्रा से जगकर।
गुंजार उठे ऊँचे स्वर से 'हिन्दू की जय' तो क्या विस्मय?
हिन्दू तन-मन, हिन्दू जीवन, रग-रग हिन्दू मेरा परिचय!

दुनिया के वीराने पथ पर जब-जब नर ने खाई ठोकर।
दो आँसू शेष बचा पाया जब-जब मानव सब कुछ खोकर।
मैं आया तभी द्रवित हो कर, मैं आया ज्ञानदीप ले कर।
भूला-भटका मानव पथ पर चल निकला सोते से जग कर।
पथ के आवर्तों से थक कर, जो बैठ गया आधे पथ पर।
उस नर को राह दिखाना ही मेरा सदैव का दृढ़ निश्चय।
हिन्दू तन-मन, हिन्दू जीवन, रग-रग हिन्दू मेरा परिचय!

मैंने छाती का लहू पिला पाले विदेश के क्षुधित लाल।
मुझ को मानव में भेद नहीं, मेरा अन्तस्थल वर विशाल।
जग के ठुकराए लोगों को, लो मेरे घर का खुला द्वार।
अपना सब कुछ हूँ लुटा चुका, फिर भी अक्षय है धनागार।
मेरा हीरा पाकर ज्योतित परकीयों का वह राजमुकुट।
यदि इन चरणों पर झुक जाए कल वह किरीट तो क्या विस्मय?
हिन्दू तन-मन, हिन्दू जीवन, रग-रग हिन्दू मेरा परिचय!

मैं वीर पुत्र, मेरी जननी के जगती में जौहर अपार।
अकबर के पुत्रों से पूछो, क्या याद उन्हें मीनाबजार?
क्या याद उन्हें चित्तौड़ दुर्ग में जलने वाली आग प्रखर?
जब हाय सहस्त्रों माताएँ, तिल-तिल जल कर हो गईं अमर।
वह बुझने वाली आग नहीं, रग-रग में उसे समाए हूँ।
यदि कभी अचानक फूट पड़े विप्लव लेकर तो क्या विस्मय?
हिन्दू तन-मन, हिन्दू जीवन, रग-रग हिन्दू मेरा परिचय!

होकर स्वतंत्र मैंने कब चाहा है कर लूँ जग को गुलाम?
मैंने तो सदा सिखाया है करना अपने मन को गुलाम।
गोपाल-राम के नामों पर कब मैंने अत्याचार किए?
कब दुनिया को हिन्दू करने घर-घर में नरसंहार किए?
कोई बतलाए काबुल में जा कर कितनी मस्जिद तोड़ीं?
भूभाग नहों, शत-शत मानव के हृदय जीतने का निश्चय।
हिंन्दू तन-मन, हिन्दू जीवन, रग-रग हिन्दू मेरा परिचय!

मैं एक बिन्दु, परिपूर्ण सिन्धु है यह मेरा हिन्दू समाज।
मेरा-इसका सम्बन्ध अमर, मैं व्यक्ति और यह है समाज।
इससे मैंने पाया तन-मन, इससे मैंने पाया जीवन।
मेरा तो बस कर्तव्य यही, कर दूँ सब कुछ इसके अर्पण।
मैं तो समाज की थाती हूँ, मैं तो समाज का हूँ सेवक।
मैं तो समष्टि के लिए व्यष्टि का कर सकता बलिदान अभय।
हिन्दू तन-मन, हिन्दू जीवन, रग-रग हिन्दू मेरा परिचय!

आज सिन्धु में ज्वार उठा है

आज सिन्धु में ज्वार उठा है, नगपंति फिर ललकार उठा है,
कुरुक्षेत्र के कण-कण से फिर, पाञ्चजन्य हुँकार उठा है।

शत-शत आघातों को सहकर, जीवित हिन्दुस्थान हमारा,
जग के मस्तक पर रोली-सा, शोभित हिन्दुस्थान हमारा।

दुनिया का इतिहास पूछता, रोम कहाँ, यूनान कहाँ है?
घर-घर में शुभ अग्नि जलाता, वह उन्नत ईरान कहाँ है?

दीप बुझे पश्चिमी गगन के, व्याप्त हुआ बर्बर अँधियारा,
किन्तु चीरकर तम की छाती, चमका हिन्दुस्थान हमारा।

हमने उर का स्नेह लुटाकर, पीड़ित ईरानी पाले हैं,
निज जीवन की ज्योति जला, मानवता के दीपक बाले हैं।

जग को अमृत का घट देकर, हमने विष का पान किया था,
मानवता के लिए हर्ष से, अस्थि-वज्र का दान दिया था।

जब पश्चिम ने वन-फल खाकर, छाल पहनकर लाज बचाई,
तब भारत से साम-गान का स्वर्गिक स्वर था दिया सुनाई।

अज्ञानी मानव को हमने, दिव्य ज्ञान का दान दिया था,
अम्बर के ललाट को चूमा, अतल सिंधु को छान लिया था।

साक्षी है इतिहास, प्रकृति का, तब से अनुपम अभिनय होता
पूरब में उगता है सूरज, पश्चिम के तम में लय होता।

विश्व-गगन पर अगणित गौरव के, दीपक अब भी जलते हैं
कोटि-कोटि नयनों में स्वर्णिम, युग के शत सपने पलते हैं।

किन्तु आज पुत्रों के शोणित से, रंजित वसुधा की छाती
टुकड़े-टुकड़े हुई विभाजित, बलिदानी पुरखों की थाती।

कण-कण पर शोणित बिखरा है, पग-पग पर माथे की रोली
इधर मनी सुख की दीवाली, और उधर जन-धन की होली।

माँगों का सिन्दूर, चिता की भस्म, बना हा-हा खाता है
अगणित जीवन-दीप बुझाता, पापों का झोंका आता है।

तट से अपना सर टकराकर, झेलम की लहरें पुकारती
यूनानी का रक्त दिखाकर, चन्द्रगुप्त को हैं गुहारती।

रो-रोकर पंजाब पूछता, किसने है दोआब बनाया
किसने मन्दिर-गुरुद्वारों को, अधर्म का अंगार दिखाया?

खड़े देहली पर हो, किसने पौरुष को ललकारा
किसने पापी हाथ बढ़ाकर, माँ का मुकुट उतारा?

काश्मीर के नन्दन वन को, किसने है सुलगाया
किसने छाती पर, अन्यायों का अम्बार सजाया?

आँख खोलकर देखो! घर में भीषण आग लगी है
धर्म, सभ्यता, संस्कृति खाने, दानव क्षुधा जगी है।

हिन्दू कहने में शरमाते, दूध लजाते, लाज न आती
घोर पतन है, अपनी माँ को, माँ कहने में फटती छाती।

जिसने रक्त पिला कर पाला, क्षण-भर उसका वेश निहारो
उसकी सूनी माँग निहारो, बिखरे-बिखरे केश निहारो।

जब तक दुःशासन है, वेणी कैसे बँध पाएगी।
कोटि-कोटि संतति है, माँ की लाज न लुट पाएगी।

जम्मू की पुकार

अत्याचारी ने आज पुनः ललकारा,
अन्यायी का चलता है, दमन-दुधारा।
आँखों के आगे सत्य मिटा जाता है,
भारतमाता का शीश कटा जाता है।

क्या पुनः देश टुकड़ों में बँट जाएगा?
क्या सबका शोणित पानी बन जाएगा?
कब तक दानव की माया चलने देंगे?
कब तक भस्मासुर को हम छलने देंगे?

कब तक जम्मू को यों ही जलने देंगे?
कब तक जुल्मों की मदिरा ढलने देंगे?
चुपचाप सहेंगे कब तक लाठी गोली?
कब तक खेलेंगे दुश्मन खूं से होली?

प्रह्लाद परीक्षा की बेला अब आई,
होलिका बनी देखो अब्दुल्लाशाही।
माँ-बहनों का अपमान सहेंगे कब तक?
भोले पांडव चुपचाप रहेंगे कब तक?

आखिर सहने की भी सीमा होती है,
सागर के उर में भी ज्वाला सोती है।

सन् 1953 के जम्मू-आन्दोलन के समय रचित

मलयानिल कभी बवंडर बन ही जाता,
भोले शिव का तीसरा नेत्र खुल जाता।

जिनको जन-धन से मोह, प्राण से ममता,
वे दूर रहें अब 'पाञ्चजन्य' है बजता।
जो विमुख युद्ध से, हठी क्रूर, कादर हैं,
रणभेरी सुन कम्पित जिन के अन्तर हैं।

वे दूर रहें, चूड़ियाँ पहन घर बैठें,
बहनें थूकें, माताएँ कान उमेठें
जो मानसिंह के वंशज सम्मुख आएँ,
फिर एक बार घर में ही आग लगाएँ।

पर अन्यायी की लंका अब न रहेगी,
आने वाली सन्तानें यूँ न कहेंगी।
पुत्रों के रहते कटा जननि का माथा,
चुप रहे देखते अन्यायों की गाथा।

अब शोणित से इतिहास नया लिखना है,
बलि-पथ पर निर्भय पाँव आज रखना है।
आओ खण्डित भारत के वासी आओ,
काश्मीर बुलाता, त्याग उदासी आओ।

शंकर का मठ, कल्हण का काव्य जगाता,
जम्मू का कण-कण त्राहि-त्राहि चिल्लाता।
लो सुनो, शहीदों की पुकार आती है,
अत्याचारी की सत्ता थर्राती है।

उजड़े सुहाग की लाली तुम्हें बुलाती,
अधजली चिता मतवाली तुम्हें जगाती।
अस्थियाँ शहीदों की देतीं आमन्त्रण,
बलिवेदी पर कर दो सर्वस्व समर्पण।

कारागारों की दीवारों का न्यौता,
कैसी दुर्बलता अब कैसा समझौता ?
हाथों में लेकर प्राण चलो मतवालो,
सीने में लेकर आग चलो प्रणवालो।

जो कदम बढ़ा अब पीछे नहीं हटेगा,
बच्चा-बच्चा हँस-हँस कर मरे मिटेगा।
वर्षों के बाद आज बलि का दिन आया,
अन्याय-न्याय का चिर-संघर्षण आया।

फिर एक बार भारत की किस्मत जागी,
जनता जागी, अपमानित अस्मत जागी।
देखो स्वदेश की कीर्ति न कम हो जाए,
कण-कण पर फिर बलि की छाया छा जाए।

कोटि चरण बढ़ रहे ध्येय की ओर निरंतर

(1)

केशव के आजीवन तप की यह पवित्रतम धारा।
साठ सहस ही नहीं, तरेगा इससे भारत सारा।
यह नवगंगा तोड़ चली है बाधाओं की कारा।
एक जह्नु क्या? यहाँ पूर्ण पशुबल ने सिर दे मारा।

भू पर नहीं कोटि हृदयों में इसकी धार प्रबल है।
इसे बाँध रखने का पापी यत्न हुआ निष्फल है।
तोड़ हिमालय, चीर जटाएँ चली सिन्धु की ओर।
नगर, ग्राम, पुर, डगर डुबाती इसका ओर न छोर।

किसने ऐसा दूध पिया जो रोके गति तूफानी।
यह जीवन का ज्वार चली उफनाती प्रखर जवानी।
युवक हार जाते हैं लेकिन यौवन कभी न हारा।
एक निमिष की बात नहीं है चिर-संघर्ष हमारा।

पृथ्वीराज की आँखें जातीं स्वप्न न उनके जाते।
भर जाते हैं घाव, दाग पर सदा अमिट रह जाते।
यह जन-गंगा जन-जीवन का कल्मष कलुष बहाती।
जो डूबा सो पार हो गया मुक्ति लुटाती जाती।

मृत में जीवन और जीवितों में ज्वाला सुलगाती।
भ्रष्ट भग्न माँ के मन्दिर को पुनः पवित्र बनाती।
इसके सम्मुख सम्राटों के मस्तक नत होने को।
इसके तट पर राज्य बिगड़ने को, बनने को।

पुण्य पूर्वजों के पौरुष का यह प्रतिफल है।
सृष्टि-काल का स्नेह, प्रलय का आकुल जल है।
कोटि बिन्दु बह रहे सिन्धु का अगम रूप धर।
कोटि चरण बढ़ रहे ध्येय की ओर निरन्तर।

(2)

यह परम्परा का प्रवाह है, कभी न खण्डित होगा।
पुत्रों के बल पर ही माँ का मस्तक मण्डित होगा।
वह कपूत है जिसके रहते माँ की दीन दशा हो।
शत भाई का घर उजाड़ता जिसका महल बसा हो।

घर का दीपक व्यर्थ, मातृ-मंदिर में जब अँधियारा।
कैसा हास-विलास कि जब तक बना हुआ बँटवारा?
किस बेटे ने माँ के टुकड़े करके दीप जलाए?
किसने भाई की समाधि पर ऊँचे महल बनाए?

चिता-भस्म पर किसने सुख के स्वर्णिम साज सजाए?
किसने लाखों के विनाश पर जय के वाद्य बजाए?
किस कपूत ने पूत पंचनद को कर डाला लाल?
किसके पापों का प्रतिफल है भोग रहा बंगाल?

किसने आग लगाकर अपने घर में किया उजाला?
किसने निज का सुख खरीद, माँ का विक्रय कर डाला?
शस्य-श्यामला स्वर्णभूमि क्यों हुई आज कंगाल?
किसके कारण देवभूमि में आज अभाव, अकाल?

जग-जननी ने भीख माँगने का दुर्दिन क्यों देखा?
पुत्रों के पापों का फल है, यह न नियति का लेखा।
सूर्य गिर गया अन्धकार में ठोकर खा कर।
भीख माँगता है कुबेर झोली फैलाकर।

कण-कण को मोहताज, कर्ण का देश हो गया।
माँ का आँचल द्रुपद-सुता का केश हो गया।
जब तक अधरों में न भीम की शोणित प्यास जगेगी।
तब तक उर से अपमानों की ज्वाला नहीं बुझेगी।

कोटि दीप जल रहे तमिस्रा चीर-चीर कर।
कोटि चरण बढ़ रहे ध्येय की ओर निरन्तर।

(3)

आँसू नहीं, स्वेद शोणित की आज माँग है।
कंठ-कंठ में मर-मिटने का अमिट राग है।

प्राण-पुष्प ही नहीं, करो जीवन का अर्पण।
अब न सहेंगे जननी के केशों का कर्षण।
कंटक-पथ पर पाँव बढ़ाते गाते जाना।
हर बाजी पर हमें यहाँ सर्वस्व लगाना।

जन्म-मरण का खेल अनूठा, इसमें हार नहीं है।
वह क्या चल पाएगा जिसको पथ से प्यार नहीं है।
सन पचीस का वर्ष! पंथ पर राही एक चला था।
अन्धकार का वक्ष चीरकर दीपक एक जला था।

दैन्य-दास्य का पंक दबाकर शत-दल कमल खिला था।
काल रात्रि को भेद ज्योति का प्रखर पुंज निकला था।
पथ पर चलते-चलते ही वह राह बन गया।
तिल-तिल कर जलते-जलते ही दाह बन गया।

वह कैसा था भक्त, स्वयं भगवान बन गया।
कुम्भकार की कृति होकर, निर्माण बन गया।
आज नहीं वह, किन्तु पथ पर चरण-चिह्न अंकित हैं।
मनु के वंशज प्रलयकाल से क्यों शंकित हैं?

राम-कृष्ण यदि गये विवेकानन्द शेष हैं।
अभी मूर्ति की पूर्ति शेष है, प्रण अशेष है।
आओ युग के सपनों को साकार करें हम।
मृतकों में भी जीवन की हुँकार भरें हम।

सबल भुजाओं में रक्षित है नौका की पतवार।
चीर चलें सागर की छाती, पार करें मँझधार।
ज्ञान-केतु लेकर निकला है विजयी शंकर।
अब न चलेगा ढोंग, दम्भ, मिथ्या आडम्बर।

अब न चलेगा राष्ट्र प्रेम का गर्हित सौदा।
यह अभिनव चाणक्य न फलने देगा विष का पौधा।
तन की शक्ति, हृदय की श्रद्धा, आत्म-तेज की धारा।
आज जगेगा जग-जननी का सोया भाग्य सितारा।

कोटि पुष्प चढ़ रहे देव के शुभ चरणों पर।
कोटि चरण बढ़ रहे ध्येय की ओर निरन्तर।

गगन में लहरता है भगवा हमारा

(1)

घिरे घोर घन दासता के भयंकर
गँवा बैठे सर्वस्व आपस में लड़कर
बुझे दीप घर-घर
हुआ शून्य अम्बर
निराशा निशा ने जो डेरा जमाया
ये जयचन्द के द्रोह का दुष्ट फल है
जो अब तक अँधेरा, सबेरा न आया।

मगर घोर तम में
पराजय के गम में
विजय की विभा ले
अँधेरे गगन में
उषा के वसन
दुश्मनों के नयन में
चमकता रहा पूज्य भगवा हमारा।
गगन में लहरता है भगवा हमारा।

(2)

भगवा है पद्मिनि के जौहर की ज्वाला,
मिटाती अमावस
लुटाती उजाला
नया एक इतिहास क्या रच न डाला
चिता एक, जलने
हजारों खड़ी थीं

पुरुष तो मिटे,
नारियाँ सब हवन की
समिधि बन अनल के पगों पर चढ़ी थीं।
मगर जौहरों में,
घिरे कोहरों में
धुएँ के घनों में,
कि बलि के क्षणों में
धधकता रहा पूज्य भगवा हमारा।
गगन में लहरता है भगवा हमारा।

मिटे देवता,
मिट गए शुभ्र मन्दिर
लुटी देवियाँ,
लुट गए सब नगर घर
स्वयं फूट की अग्नि में घर जलाकर
पुरस्कार हाथों में लोहे की कड़ियाँ
कपूतों की माता
खड़ी आज भी है
भरे अपनी आँखों में आँसू की लड़ियाँ।

मगर दासता के भयानक भँवर में
पराजय समर में
अन्तिम क्षणों तक
शुभाशा बँधाता,
कि इच्छा जगाता
कि सब कुछ लुटाकर ही सब कुछ दिलाने
बुलाता रहा प्राण भगवा हमारा।
गगन में लहरता है भगवा हमारा।

(3)

कभी थे अकेले हुए आज इतने,
नहीं तब डरे तो भला अब डरेंगे?

विरोधों के सागर में
चट्टान हैं हम,
जो टकराएँगे
मौत अपनी मरेंगे।
लिया हाथ में ध्वज कभी ना झुकेगा,
कदम बढ़ रहा है कभी ना रुकेगा।

न सूरज के सम्मुख अँधेरा टिकेगा,
निडर हैं सभी हम
अमर हैं सभी हम।
कि सर पर हमारे वरद हस्त करता,
गगन में लहरता है भगवा हमारा।

उनकी याद करें

जो बरसों तक लड़े जेल में, उनकी याद करें ।
जो फाँसी पर चढ़े खेल में, उनकी याद करें ।
याद करें काला पानी को,
अंग्रेजों की मनमानी को,
कोल्हू में जुट तेल पेरते,
सावरकर से बलिदानी को ।

याद करें बहरे शासन को,
बम से थर्राते आसन को,
भगतसिंह, सुखदेव, राजगुरु
के आत्मोत्सर्ग पावन को ।
अन्यायी से लड़ें, दया की मत फरियाद करें ।
उनकी याद करें ।

याद करें हम पुर्तगाल को,
जुल्म-सितम के तीस साल को,
फौजी बूटों तले क्रांति की
सुलगी चिनगारी विशाल को ।

याद करें सालाजारों को,
जारों के अत्याचारों को,
साइबेरिया के निर्वासित
शिविरों के हाहाकारों को,
स्वतंत्रता के नए समर का शंख निनाद करें ।
उनकी याद करें ।

बलिदानों की बेला आई,
लोकतन्त्र दे रहा दुहाई,
स्वाभिमान से वही जियेगा
जिससे कीमत गई चुकाई।

मुक्ति माँगती शक्ति संगठित,
युक्ति सुसंगत, भक्ति अकम्पित,
कृति तेजस्वी, धृति हिमगिरि-सी
मुक्ति माँगती गति अप्रतिहत।

अन्तिम विजय सुनिश्चित, पथ में
क्यों अवसाद करें ?
उनकी याद करें।

अमर है गणतंत्र

राजपथ पर भीड़, जनपथ पड़ा सूना,
पलटनों का मार्च, होता शोर दूना।
शोर से डूबे हुए स्वाधीनता के स्वर,
रुद्ध वाणी, लेखनी जड़, कसमसाता उर।
भयातंकित भीड़, जन अधिकार वंचित,
बंद न्याय कपाट, सत्ता अमर्यादित।
लोक का क्षय, व्यक्ति का जयकार होता,
स्वतंत्रता का स्वप्न, रावी तीर रोता।

(2)

रक्त के आँसू बहाने को विवश गणतंत्र,
राजमद ने रौंद डाले मुक्ति के शुभ मंत्र।
क्या इसी दिन के लिए पूर्वज हुए बलिदान?
पीढ़ियाँ जूझीं, सदियों चला अग्नि-स्नान?
स्वतंत्रता के दूसरे संघर्ष का घननाद,
होलिका आपात् की फिर माँगती प्रह्लाद।
अमर है गणतंत्र, कारा के खुलेंगे द्वार,
पुत्र अमृत के न विष से मान सकते हार।

गणतंत्र दिवस, 1975

सत्ता

मासूम बच्चों,
बूढ़ी औरतों,
जवान मर्दों,
की लाशों के ढेर पर चढ़ कर
जो सत्ता के सिंहासन तक पहुँचना चाहते हैं
उनसे मेरा एक सवाल है :
क्या मरने वालों के साथ
उनका कोई रिश्ता न था ?

न सही धर्म का नाता,
क्या धरती का भी संबंध नहीं था ?
'पृथिवी माँ और हम उसके पुत्र हैं।"[1]
अथर्ववेद का यह मंत्र
क्या सिर्फ जपने के लिए है,
जीने के लिए नहीं ?

आग में जले बच्चे,
वासना की शिकार औरतें,
राख में बदले घर
न सभ्यता का प्रमाण पत्र हैं,
न देश-भक्ति का तमगा,

1. माता भूमिः पुत्रो अहं पृथिव्याः। अथर्ववेद 12 : 1 : 12

वे यदि घोषणा-पत्र हैं तो पशुता का,
प्रमाण हैं तो पतिताबस्था का,
ऐसे कपूतों से
माँ का निपूती रहना ही अच्छा था,
निर्दोष रक्त से सनी राजगद्दी,
श्मशान की धूल से भी गिरी है,
सत्ता की अनियंत्रित भूख
रक्त-पिपासा से भी बुरी है।

पाँच हजार साल की संस्कृति :
गर्व करें या रोएँ ?
स्वार्थ की दौड़ में
कहीं आजादी फिर से न खोएँ।

चुनौती के स्वर

एक हाथ में सृजन,
दूसरे में हम प्रलय लिए चलते हैं,
सभी कीर्ति ज्वाला में जलते,
हम अँधियारे में जलते हैं।
आँखों में वैभव के सपने,
पग में तूफानों की गति हो,
राष्ट्रभक्ति का ज्वार न रुकता,
आए जिस-जिस की हिम्मत हो॥

मातृपूजा प्रतिबंधित

पुष्प कंटकों में खिलते हैं,
दीप अँधेरों में जलते हैं।
आज नहीं, प्रह्लाद युगों से,
पीड़ाओं में ही पलते हैं।
किन्तु यातनाओं के बल पर,
नहीं भावनाएँ रुकती हैं।
चिता होलिका की जलती है,
अन्यायी कर ही मलते हैं।

संघ के प्रतिबन्ध पर रचित।

कंठ-कंठ में एक राग है

माँ के सभी सपूत गूँथते ज्वलित हृदय की माला।
हिन्दुकुश से महासिन्धु तक जगी संघटन-ज्वाला।

हृदय-हृदय में एक आग है, कण्ठ-कण्ठ में एक राग है।
एक ध्येय है, एक स्वप्न, लौटाना माँ का सुख-सुहाग है।

प्रबल विरोधों के सागर में हम सुदृढ़ चट्टान बनेंगे।
जो आकर सर टकराएँगे अपनी-अपनी मौत मरेंगे।

विपदाएँ आती हैं आएँ, हम न रुकेंगे, हम न रुकेंगे।
आघातों की क्या चिंता है? हम न झुकेंगे, हम न झुकेंगे।

सागर को किसने बाँधा है? तूफानों को किसने रोका?
पापों की लंका न रहेगी, यह उंचास पवन का झोंका।

आँधी लघु-लघु दीप बुझाती, पर धधकाती है दावानल।
कोटि-कोटि हृदयों की ज्वाला, कौन बुझाएगा, किसमें बल?

छुईमुई के पेड़ नहीं जो छूते ही मुरझा जाएँगे।
क्या तड़िताघातों से नभ के ज्योतित तारे बुझ पाएँगे?

प्रलय-घनों का वक्ष चीरकर, अंधकार को चूर-चूर कर।
ज्वलित चुनौती सा चमका है, प्राची के पट पर शुभ दिनकर।

सत्य सूर्य के प्रखर ताप से चमगादड़ उलूक छिपते हैं।
खग-कुल के क्रन्दन को सुन कर किरण-बाण क्या रुक सकते हैं?

शुद्ध हृदय की ज्वाला से विश्वास-दीप निष्कम्प जलाकर।
कोटि-कोटि पग बढ़े जा रहे, तिल-तिल जीवन गला-गलाकर।

जब तक ध्येय न पूरा होगा, तब तक पग की गति न रुकेगी।
आज कहे चाहे कुछ दुनिया कल को बिना झुके न रहेगी।

आए जिस-जिस की हिम्मत हो

हिन्दु महोदधि की छाती में धधकी अपमानों की ज्वाला,
और आज आसेतु हिमाचल मूर्तिमान हृदयों की माला।

सागर की उत्ताल तरंगों में जीवन का जी भर क्रन्दन,
सोने की लंका की मिट्टी लख कर भरता आह प्रभंजन।

शून्य तटों से सर टकरा कर पूछ रही सरयू की धारा,
सगर-सुतों से भी बढ़ कर मृत आज हुआ क्या भारत सारा?

सरयू कहती राम कहाँ हैं? यमुना कहती कृष्ण कहाँ हैं?
व्यथित गण्डकी पूछ रही है चन्द्रगुप्त बलधाम कहाँ हैं?

अर्जुन का गाण्डीव किधर है, कहाँ भीम की गदा खो गई?
किस कोने में पाञ्चजन्य है, कहाँ भीष्म की शक्ति सो गई?

अगणित सीताएँ अपहृत हैं, महावीर निज को पहिचानो,
अपमानित द्रुपदाएँ कितनी, समरधीर शर को संधानो।

अलक्षेन्द्र को धूलि चटाने वाले पौरुष फिर से जागो,
क्षत्रियत्व विक्रम के जागो, चणकपुत्र के निश्चय जागो।

कोटि-कोटि पुत्रों की माता अब भी पीड़ित, अपमानित है,
जो जननी का दुख न मिटाएँ उन पुत्रों पर भी लानत है।

लानत उनकी भरी जवानी पर जो सुख की नींद सो रहे,
लानत है, हम कोटि-कोटि हैं, किन्तु किसी के चरण धो रहे।

अब तक जिस जग ने पग चूमे आज उसी के सम्मुख नत क्यों ?
गौरव-मणि खो कर भी मेरे सर्पराज आलस में रत क्यों ?

गत गौरव का स्वाभिमान ले वर्तमान की ओर निहारो,
जो जूठा खा कर पनपा है उसके सम्मुख कर न पसारो।

पृथ्वी की सन्तान भिक्षु बन परदेशी का दान न लेगी,
गोरी की सन्तति से पूछो क्या हमको पहिचान न लेगी ?

हम अपने को ही पहिचानें, आत्मशक्ति का निश्चय ठानें,
पड़े हुए जूठे शिकार को सिंह नहीं जाते हैं खाने।

एक हाथ में सृजन, दूसरे में हम प्रलय लिए चलते हैं,
सभी कीर्ति-ज्वाला में जलते, हम अँधियारे में जलते हैं।

आँखों में वैभव के सपने, पग में तूफानों की गति हो,
राष्ट्रभक्ति का ज्वार न रुकता, आए जिस-जिस की हिम्मत हो।

एक बरस बीत गया

एक बरस बीत गया
झुलसाता जेठ मास
शरद चाँदनी उदास
सिसकी भरते सावन का
अन्तर्घट रीत गया
एक बरस बीत गया।

सीकचों में सिमटा जग
किन्तु विकल प्राण विहग
धरती से अम्बर तक
गूँज मुक्ति गीत गया,
एक बरस बीत गया।

पथ निहारते नयन
गिनते दिन, पल, छिन
लौट कभी आएगा
मन का जो मीत गया,
एक बरस बीत गया।

आपातकाल में जेल के भीतर एक वर्ष के बाद लिखी गई रचना।

जीवन की ढलने लगी साँझ

जीवन की ढलने लगी साँझ
उमर घट गई
डगर कट गई
जीवन की ढलने लगी साँझ।

बदले हैं अर्थ
शब्द हुए व्यर्थ
शांति बिना खुशियाँ हैं बाँझ।

सपनों से मीत
बिखरा संगीत
ठिठक रहे पाँव और झिझक रही झाँझ।
जीवन की ढलने लगी साँझ।

आपातकाल के दौरान जीवन के पचास वर्ष पूरे होने पर लिखित।

पुनः चमकेगा दिनकर

आजादी का दिन मना,
नई गुलामी बीच;
सूखी धरती, सूना अंबर,
मन - आँगन में कीच;
मन - आँगन में कीच,
कमल सारे मुरझाए;
एक-एक कर बुझे दीप,
अँधियारे छाए;
कह कैदी कविराय
न अपना छोटा जी कर;
चीर निशा का वक्ष
पुनः चमकेगा दिनकर ।

आपातकाल के दौरान स्वाधीनता दिवस पर रचित ।

कदम मिलाकर चलना होगा

बाधाएँ आती हैं आएँ,
घिरें प्रलय की घोर घटाएँ,
पाँवों के नीचे अंगारे,
सिर पर बरसें यदि ज्वालाएँ,
निज हाथों से हँसते - हँसते,
आग लगा कर जलना होगा।
कदम मिलाकर चलना होगा।

हास्य-रुदन में, तूफानों में,
अमर असंख्यक बलिदानों में,
उद्यानों में, वीरानों में,
अपमानों में, सम्मानों में,
उन्नत मस्तक, उभरा सीना,
पीड़ाओं में पलना होगा!
कदम मिलाकर चलना होगा।

उजियारे में, अंधकार में,
कल कछार में, बीच धार में,
घोर घृणा में, पूत प्यार में,
क्षणिक जीत में, दीर्घ हार में,
जीवन के शत-शत आकर्षक,
अरमानों को दलना होगा।
कदम मिलाकर चलना होगा।

सम्मुख फैला अमर ध्येय पथ,
प्रगति चिरन्तन कैसा इति अथ,
सुस्मित हर्षित कैसा श्रम श्लथ,
असफल, सफल समान मनोरथ,
सब कुछ देकर कुछ न माँगते,
पावस बनकर ढलना होगा।
कदम मिलाकर चलना होगा।

कुश काँटों से सज्जित जीवन,
प्रखर प्यार से वञ्चित यौवन,
नीरवता से मुखरित मधुवन,
पर-हित अर्पित अपना तन-मन,
जीवन को शत-शत आहुति में,
जलना होगा, गलना होगा।
कदम मिलाकर चलना होगा।

पड़ोसी से

एक नहीं, दो नहीं, करो बीसों समझौते
पर स्वतंत्र भारत का मस्तक नहीं झुकेगा ।

अगणित बलिदानों से अर्जित यह स्वतंत्रता
अश्रु, स्वेद, शोणित से सिंचित यह स्वतंत्रता
त्याग, तेज, तप, बल से रक्षित यह स्वतंत्रता
प्राणों से भी प्रियतर यह स्वतंत्रता ।

इसे मिटाने की साजिश करने वालों से
कह दो चिनगारी का खेल बुरा होता है
औरों के घर आग लगाने का जो सपना
वह अपने ही घर में सदा खरा होता है ।

अपने ही हाथों तुम अपनी कब्र न खोदो
अपने पैरों आप कुल्हाड़ी नहीं चलाओ
ओ नादान पड़ोसी अपनी आँखें खोलो
आजादी अनमोल न इसका मोल लगाओ ।

पर तुम क्या जानो आजादी क्या होती है
तुम्हें मुफ्त में मिली न कीमत गई चुकाई
अँगरेजों के बल पर दो टुकड़े पाए हैं
माँ को खंडित करते तुमको लाज न आई ।

अमरीकी शस्त्रों से अपनी आजादी को
दुनिया में कायम रख लोगे, यह मत समझो
दस-बीस अरब डालर लेकर आने वाली
बरबादी से तुम बच लोगे, यह मत समझो ।

धमकी, जेहाद के नारों से, हथियारों से
कश्मीर कभी हथिया लोगे, यह मत समझो
हमलों से, अत्याचारों से, संहारों से
भारत का भाल झुका लोगे, यह मत समझो।

जब तक गंगा की धार, सिंधु में ज्वार
अग्नि में जलन, सूर्य में तपन शेष
स्वातंत्र्य समर की वेदी पर अर्पित होंगे
अगणित जीवन, यौवन अशेष।

अमरीका क्या संसार भले ही हो विरुद्ध
काश्मीर पर भारत का ध्वज नहीं झुकेगा,
एक नहीं, दो नहीं, करो बीसों समझौते
पर स्वतंत्र भारत का मस्तक नहीं झुकेगा।

अमेरिका-पाकिस्तान समझौते पर प्रतिक्रिया

विविध स्वर

मन में लगी जो गाँठ मुश्किल से खुलती,
दागदार जिन्दगी न घाटों पर धुलती।
जैसी की तैसी नहीं,
जैसी है वैसी सही,
कबिरा की चादरिया बड़े भाग मिलती।

रोते-रोते रात सो गई

झुकी न अलकें
झपी न पलकें
सुधियों की बारात खो गई ।

दर्द पुराना,
मीत न जाना,
बातों में ही प्रात हो गई ।

घुमड़ी बदली,
बूँद न निकली,
बिछुड़न ऐसी व्यथा बो गई ।

बुलाती तुम्हें मनाली

आसमान में बिजली ज्यादा,
घर में बिजली कम,
टेलीफोन घुमाते जाओ,
ज्यादातर गुमसुम।

बर्फ ढकी पर्वतमालाएँ,
नदियाँ, झरने, जंगल,
किन्नरियों का देश,
देवता डोलें पल-पल।

हरे-हरे बादाम, वृक्ष पर
लदे खड़े चिलगोजे,
गंधक मिला उबलता पानी,
खोई मणि को खोजे।

दोनों बाँह पसार,
बुलाती तुम्हें मनाली,
दावानल में मलयानिल सी
महकी, मित्र, मनाली।

अन्तर्द्वन्द्व

क्या सच है, क्या शिव, क्या सुन्दर ?

शव का अर्चन,
शिव का वर्जन,
कहूँ विसंगति या रूपान्तर ?

वैभव दूना,
अन्तर सूना,
कहूँ प्रगति या प्रतिस्थलान्तर ?

मात्र संक्रमण ?
या नव सर्जन ?
स्वस्ति कहूँ या रहूँ निरुत्तर ?

लेनिन की समाधि देखने के बाद रचित

बबली की दिवाली

बबली, लौली कुत्ते दो,
कुत्ते नहीं खिलौने दो,
लंबे-लंबे बालों वाले,
फूले-पिचके गालों वाले।
कद छोटा, खोटा स्वभाव है,
देख अजनबी बड़ा ताव है,
भागे तो बस शामत आई,
मुँह में झटपट पैण्ट दबाई।
दौड़ो मत, ठहरो ज्यों के त्यों,
थोड़ी देर करेंगे भौं-भौं।
डरते हैं इसलिए डराते।
सूँघ-साँघ कर खुश हो जाते
इन्हें तनिक-सा प्यार चाहिए,
नजरों में एतबार चाहिए,
गोदी में चढ़कर बैठेंगे,
हँसकर पैरों में लोटेंगे।
पाँव पसार पलंग पर सोते,
अगर उतारो मिलकर रोते;
लेकिन नींद बड़ी कच्ची है,
पहरेदारी में सच्ची है।
कहीं जरा-सा होता खटका,
कूदे, भागे, मारा झटका,
पटका लैम्प, सुराही तोड़ी,
पकड़ा चूहा, गर्दन मोड़ी।
बिल्ली से दुश्मनी पुरानी,
उसे पकड़ने की है ठानी,

पर बिल्ली है बड़ी सयानी,
आखिर है शेरों की नानी,
ऐसी सरपट दौड़ लगाती,
कुत्तों से न पकड़ में आती।

बबली माँ है, लौली बेटा,
माँ सीधी है, बेटा खोटा,
पर दोनों में प्यार बहुत है,
प्यार बहुत, तकरार बहुत है।

लड़ते हैं इन्सानों जैसे,
गुस्से में हैवानों जैसे,
लौली को कीचड़ भाती है,
व्यर्थ बसंती नहलाती है।

लोट-पोट कर करें बराबर,
फिर बिस्तर पर चढ़ें दौड़कर,
बबली जी चालाक, चुस्त हैं,
लौली बुद्धू और सुस्त हैं।

घर के ऊपर बैठा कौवा,
बबली जी को जैसे हौवा,
भौंक-भौंक कोहराम मचाती,
आसमान सर पर ले आती।

जब तक कौवा भाग न जाता,
बबली जी को चैन न आता,
आतिशबाजी से घबराते,
बिस्तर के नीचे छुप जाते।

एक दिवाली ऐसी आई,
बबली जी ने दौड़ लगाई
बदहवास हो घर से भागी,
तोड़े रिश्ते, ममता त्यागी।

कोई सज्जन मिले सड़क पर,
मोटर में ले गए उठाकर,
रपट पुलिस में दर्ज करायी,
अखबारों में खबर छपाई।

लौली जी रह गए अकेले,
किससे झगड़ें, किससे खेलें,
बजी अचानक घंटी टन-टन,
उधर फोन पर बोले सज्जन।

क्या कोई कुत्ता खोया है ?
रंग कैसा, कैसा हुलिया है ?
बबली जी का रूप बखाना,
रंग बखाना, ढंग बखाना।

बोले आप तुरंत आइए,
परेशान हूँ, रहम खाइए;
जब से आई है, रोती है,
न खाती है, न सोती है;

मोटर लेकर सरपट भागे,
नहीं देखते पीछे, आगे;
जा पहुँचे जो पता बताया,
धर घण्टी का बटन दबाया;

बबली की आवाज सुन पड़ी,
द्वार खुला, सामने आ खड़ी;
बदहवास सी सिमटी-सिमटी,
पलभर ठिठकी, फिर आ लिपटी,

घर में लहर खुशी की छायी,
मानो दीवाली फिर आई;
पर न चलेगी आतिशबाजी,
कुत्ता पालो मेरे भ्राजी।

लौली और बबली पालतू कुत्तों के नाम हैं।

अपने ही मन से कुछ बोलें

क्या खोया, क्या पाया जग में,
मिलते और बिछड़ते मग में,
मुझे किसी से नहीं शिकायत,
यद्यपि छला गया पग-पग में,
एक दृष्टि बीती पर डालें, यादों की पोटली टटोलें।

पृथिवी लाखों वर्ष पुरानी,
जीवन एक अनन्त कहानी,
पर तन की अपनी सीमाएँ,
यद्यपि सौ शरदों की वाणी,
इतना काफी है अंतिम दस्तक पर खुद दरवाजा खोलें।

जन्म-मरण का अविरत फेरा,
जीवन बंजारों का डेरा,
आज यहाँ, कल कहाँ कूच है,
कौन जानता, किधर सवेरा,
अँधियारा आकाश असीमित, प्राणों के पंखों को तौलें।
अपने ही मन से कुछ बोलें!

मनाली मत जइयो

मनाली मत जइयो, गोरी
राजा के राज में।

जइयो तो जइयो,
उड़िके मत जइयो,
अधर में लटकिहौ,
वायुदूत के जहाज में।

जइयो तो जइयो,
संदेसा न पइयो,
टेलीफोन बिगरे हैं,
मिर्धा महाराज में।

जइयो तो जइयो,
मसाल ले के जइयो,
बिजुरी भई बैरिन
अँधेरिया रात में।

जइयो तो जइयो,
त्रिसूल बाँध जइयो,
मिलेंगे खालिसतानी,
राजीव के राज में।

मनाली तो जइहों।
सुरग सुख पइहों।
दुख नीको लागे, मोहे
राजा के राज में।

देखो हम बढ़ते ही जाते

उज्ज्वलतर उज्ज्वलतम होती है
महासंगठन की ज्वाला,
प्रतिपल बढ़ती ही जाती है
चण्डी के मुण्डों की माला।

यह नागपुर से लगी आग
ज्योतित भारत माँ का सुहाग,
उत्तर दक्षिण पूरब पश्चिम
दिशि-दिशि गूँजा संगठन राग।

केशव के जीवन का पराग
अन्तस्थल की अवरुद्ध आग,
भगवा ध्वज का संदेश त्याग
वन विजन कान्त नगरी अशांत
पंजाब सिन्ध संयुक्त प्रान्त,

केरल कर्नाटक औ' बिहार
कर पार चला संगठन राग
हिन्दू-हिन्दू मिलते जाते
देखो हम बढ़ते ही जाते।

यह माधव अथवा महादेव
निज जटाजूट में धारण कर
मस्तक पर धरे झरझर निर्झर
आप्लावित तन मन प्राण - प्राण

हिन्दू ने निज को पहचाना,
कर्त्तव्य कर्म सर-संधाना।

है ध्येय दूर, संसार क्रूर, मदमत्त चूर
पथ भरा शूल, जीवन दुकूल,
जननी के पग की तनिक धूल
माथे पर ले, चल दिए सभी मदमाते।
देखो हम बढ़ते ही जाते।

जंग न होने देंगे

हम जंग न होने देंगे !
विश्व शान्ति के हम साधक हैं, जंग न होने देंगे !

कभी न खेतों में फिर खूनी खाद फलेगी,
खलिहानों में नहीं मौत की फसल खिलेगी,
आसमान फिर कभी न अंगारे उगलेगा,
एटम से नागासाकी फिर नहीं जलेगी,
युद्धविहीन विश्व का सपना भंग न होने देंगे ।
जंग न होने देंगे ।

हथियारों के ढेरों पर जिनका है डेरा,
मुँह में शान्ति, बगल में बम, धोखे का फेरा,
कफन बेचने वालों से कह दो चिल्लाकर,
दुनिया जान गई है उनका असली चेहरा,
कामयाब हो उनकी चालें, ढंग न होने देंगे ।
जंग न होने देंगे ।

हमें चाहिए शान्ति, जिन्दगी हमको प्यारी,
हमें चाहिए शान्ति, सृजन की है तैयारी,
हमने छेड़ी जंग भूख से, बीमारी से,
आगे आकर हाथ बटाए दुनिया सारी ।
हरी-भरी धरती को खूनी रंग न लेने देंगे ।
जंग न होने देंगे ।

भारत-पाकिस्तान पड़ोसी, साथ-साथ रहना है,
प्यार करें या वार करें, दोनों को ही सहना है,
तीन बार लड़ चुके लड़ाई, कितना महँगा सौदा,
रूसी बम हो या अमेरिकी, खून एक बहना है।
जो हम पर गुजरी बच्चों के संग न होने देंगे।
जंग न होने देंगे।

आओ मर्दो, नामर्द बनो !

मर्दों ने काम बिगाड़ा है,
मर्दों को गया पछाड़ा है,
झगड़े-फसाद की जड़ सारे,
जड़ से ही गया उखाड़ा है,
मर्दों की तूती बन्द हुई,
औरत का बजा नगाड़ा है,
गर्मी छोड़ो, अब सर्द बनो।

गुलछर्रे खूब उड़ाए हैं,
रस्से भी खूब तुड़ाए हैं,
चूँ चपड़ चलेगी तनिक नहीं,
सर सब के गए मुड़ाए हैं,
उलटी गंगा की धारा है,
क्यों तिल का ताड़ बनाए है,
तुम दवा नहीं, हमदर्द बनो।

औरत ने काम सम्हाला है,
सब कुछ देखा है, भाला है,
मुँह खोलो तो जय-जय बोलो,
वर्ना तिहाड़ का ताला है,
ताली फटकारो, झख मारो,
बाकी ठन-ठन गोपाला है,
गर्दिश में हो तो गर्द बनो।

पौरुष पर फिरता पानी है,
पौरुष कोरी नादानी है,
पौरुष के गुण गाना छोड़ो,
पौरुष बस एक कहानी है,
पौरुषविहीन के पौ बारा,
पौरुष की मरती नानी है,
फाइल छोड़ो, अब फर्द बनो।

चौकड़ी भूल, चौका देखो,
चूल्हा फूँको, मौका देखो,
चलती चक्की के पाटों में
पिसती जीवन नौका देखो,
घर में ही लुटिया डूबी है,
चुटिया में ही धोखा देखो,
तुम कलाँ नहीं बस खुर्द बनो।

आपातस्थिति के दिनों में जबरिया नसबन्दी के विरुद्ध व्यक्त आक्रोशपूर्ण व्यंग्य।

सपना टूट गया

हाथों की हल्दी है पीली
पैरों की मेहँदी कुछ गीली
पलक झपकने से पहले ही सपना टूट गया

दीप बुझाया रची दिवाली
लेकिन कटी न मावस काली
व्यर्थ हुआ आवाहन स्वर्ण सबेरा रूठ गया।
सपना टूट गया।

नियति नटी की लीला न्यारी
सब कुछ स्वाहा की तैयारी
अभी चला दो कदम कारवाँ साथी छूट गया।
सपना टूट गया।

1979 में जनता पार्टी के टूटने के बाद की मनःस्थिति में रचित।

परिशिष्ट

अटल बिहारी वाजपेयी

कवि-परिचय
काव्य-वैभव
शिल्प-सौन्दर्य
कवि से एक साक्षात्कार
कवि की पहचान की पड़ताल
आधे कवि : आधे राजनेता

अटल जी का संक्षिप्त परिचय

धूल और धुएँ की बस्ती में पले एक साधारण अध्यापक के पुत्र श्री अटल बिहारी वाजपेयी दुनिया के सबसे बड़े लोकतंत्र के प्रधानमंत्री बने । अपनी प्रतिभा, नेतृत्व-क्षमता और लोकप्रियता के कारण वे चार दशकों से भी अधिक समय से भारतीय संसद के सांसद हैं । उननें मर्यादा पुरुषोत्तम श्रीराम की संकल्पशक्ति, भगवान् कृष्ण की राजनीतिक कुशलता और आचार्य चाणक्य की निश्चयात्मिका बुद्धि है । वे अपने जीवन का क्षण-क्षण और शरीर का कण-कण राष्ट्रसेवा के यज्ञ में अर्पित कर रहे हैं । उनका तो उद्घोष है—"हम जिएँगे तो देश के लिए, मरेंगे तो देश के लिए । इस पावन धरती का कंकर-कंकर शंकर है, बिन्दु-बिन्दु गंगाजल है । भारत के लिए मैं हँसते-हँसते प्राण न्योछावर करने में गौरव और गर्व का अनुभव करूँगा ।"

प्रधानमंत्री अटल जी ने पोखरण में अणु-परीक्षण करके संसार को भारत की शक्ति का एहसास करा दिया । कारगिल-युद्ध में पाकिस्तान के छक्के छुड़ाने वाले तथा उसे पराजित करने वाले भारतीय सैनिकों का मनोबल बढ़ाने के लिए अटल जी अग्रिम चौकी तक गए थे । उन्होंने अपने एक भाषण में कहा था—"वीर जवानो ! हमें आपकी वीरता पर गर्व है । आप भारतमाता के सच्चे सपूत हैं । पूरा देश आपके साथ है । हर भारतीय आपका आभारी है ।"

अटल जी के भाषणों में कुछ ऐसा जादू है कि लोग उन्हें सुनते ही रहना चाहते हैं । उनके व्याख्यानों की प्रशंसा संसद में उनके विरोधी भी करते हैं । उनके अकाट्य तर्कों का सभी लोहा मानते हैं । उनकी वाणी सदैव विवेक और संयम का ध्यान रखती है । बारीक से बारीक बात वे हँसी की फुलझड़ियों के बीच कह देते हैं । उनकी कविता उनके भाषणों में छन-छनकर आती रहती है ।

अटल जी का कवि रूप भी शिखर को स्पर्श करता है । सन् '39 से लेकर

अद्यावधि उनकी रचनाएँ अपनी ताजगी के साथ टाटक सामग्री परोसती आ रही हैं। उनका कवि युगानुकूल काव्य-रचना करता आ रहा है। वे एक साथ छंदकार, गीतकार, छंद-मुक्त रचनाकार तथा व्यंग्यकार हैं। यद्यपि उनकी कविताओं का प्रधान स्वर राष्ट्रप्रेम का है तथापि उन्होंने सामाजिक तथा वैचारिक विषयों पर भी रचनाएँ की हैं। प्रकृति की छबीली छटा पर तो वे ऐसा मुग्ध होते हैं कि सुध-बुध खो बैठते हैं। हिंदी के वरिष्ठ समीक्षकों ने भी उनकी विचार-प्रधान नई कविताओं की सराहना की है।

अटल जी का गद्य अपनी अभिनव शैली के कारण पाठकों को बहुत पसंद है। उनकी गद्य-सरिता में सरसता ही सरसता रहती है। कहीं पर पद्य की लोल लहरें हैं, तो कहीं पर भावों की सघनता की तरलता है। कहीं पर उद्धरणों के छींटे हैं, तो कहीं पर तर्कों के भँवर हैं। व्यंग्य और विनोद तो उनकी शैली की पहचान ही हैं।

एक अपराजेय वक्ता, एक संवेदनशील कवि और एक विचारवान लेखक के साथ-साथ अटल जी एक सच्चे इंसान हैं। इंसानियत के थर्मामीटर की सर्वोच्च डिग्री तक उनके हृदय का पारा पहुँचता है। वे जन-जन से प्रेम करने वाले जननायक हैं। जाति, धर्म, संप्रदाय, देश-विदेश के संकुचित भावों से ऊपर उठे अटल जी भारत के महान् नेता हैं, जिनके हृदय में सबके प्रति समान प्रेम है। करुणा की अजस्र धारा का प्रवाह करने वाला उनका हृदय उत्पीड़न और अन्याय का दृढ़ता के साथ विरोध करता है, किंतु विरोधी पर भी वे करुणा ही करते हैं, क्रोध नहीं। ऐसा सब उनके कवि-हृदय के कारण है। मेरी दृष्टि में वे मूलतः कवि ही हैं, राजनेता बाद में। उनका कवि ही तो उनके राजनेता को गौरवमंडित किए हुए है।

राजनेता और कवि, कुछ विचित्र-सा लगता है; पर सच तो सच है। अटल जी राजनेता और कवि दोनों हैं। हाँ, यह जरूर है कि—एक मूर्ति, आधे में नेता, आधे में कवि पूरा मेरे विचार से वे कवि तो पूरे हैं, क्योंकि उनकी रहनि, बोली-बानी, व्यवहार सब कुछ एक कवि जैसा ही है, राजनेता जैसा नहीं। राजनीति के भदेस खेल वे नहीं खेल सकते, क्योंकि उनका कवि वर्जना के लिए बैठा रहता है। उनमें कवि और राजनेता का समन्वित व्यक्तित्व है।

इसी का परिणाम है कि वे बड़ी जल्दी विगलित हो जाते हैं। अपने

फक्खनियाँ मन के कारण किसी की तनिक-सी दुःखभरी बात सुनकर उसकी सहायता करने लगते हैं । देश के विरुद्ध यदि कोई कुचक्र होता है तो उनके हृदय का दावानल उफन उठता है । उन क्षणों में वे आगे बढ़कर भारतीय गौरव की रक्षा के लिए अपना सर्वस्व न्योछावर करने का आह्वान करते हैं । 'न दैन्यं न पलायनम्' तो उनके जीवन का आदर्श है ।

अटल जी का समग्र व्यक्तित्व पूनम की चाँदनी जैसा मनभावन है । चैत की चाँदनी को कभी न कभी आपने निहारा अवश्य होगा । कटे हुए खेतों, मैदानों, वृक्षों और झरनों, नदियों, जलाशयों पर चन्द्रप्रभा की तरल छिटकन भी देखी जरूर होगी । सभी चन्द्रकिरणों के चँदोवे से समान रूप से ढके रहते हैं । ऐसा ही कुछ अटल जी का व्यक्तित्व भी है । विभिन्न दलों के राजनेता जिस आत्मीयता के साथ घुलमिलकर उनसे ठहाकों के साथ बातें करते हैं, वह विशेष उल्लेख्य है । इसका मनोवैज्ञानिक कारण यदि ढूँढ़ा जाए तो यही उत्तर मिलेगा कि उनका व्यक्तित्व अभ्यर्थना और अवमानना के मोहपाश में आबद्ध नहीं है । वे काव्य-व्यक्तित्व के छंद बन गए हैं । कहीं रूप घनाक्षरी की लय-प्रधानता है, तो कहीं सवैया की मोहकता । वे अपने चुम्बकीय व्यक्तित्व के कारण जनमानस में रस के स्थायी भाव बन गए हैं, जिसमें उत्साह का प्रवाह निरंतर होता रहता है । अपनी स्वच्छ और निष्ठा-प्रधान विचारधारा के कारण वे उपमेय से उपमान बन गए हैं ।

आकाश के सप्तर्षि-मंडल को भी आप देखते ही होंगे ? वह ध्रुव नक्षत्र की परिक्रमा किया करता है । अटल जी, मेरी दृष्टि में, भारतीय राजनीति-गगन के ध्रुव नक्षत्र बन गए हैं ।

जन्म, बाल्यकाल और शिक्षा

उत्तर प्रदेश के आगरा जनपद के सुप्रसिद्ध प्राचीन तीर्थस्थान बटेश्वर में एक वैदिक-सनातन धर्मावलम्बी कान्यकुब्ज ब्राह्मण-परिवार रहता था । श्रीमद्भागवतगीता और रामायण इस परिवार की मणियाँ थीं । अटल जी के पितामह पं० श्यामलाल जी बटेश्वर में ही जीवनपर्यंत रहे, किंतु अपने पुत्र कृष्ण बिहारी को ग्वालियर में बसने की सलाह दी । ग्वालियर में अटल जी के पिताश्री पं० कृष्ण बिहारी जी अध्यापक बने । अध्यापन के साथ-साथ वे काव्य-रचना भी करते थे । उनकी कविताओं में राष्ट्र-प्रेम के स्वर भरे रहते थे । 'सोते हुए सिंह के मुख में हिरण कहीं

घुस जाते' प्रसिद्ध पंक्ति उन्हीं की है । वे उन दिनों ग्वालियर के प्रख्यात कवि थे । अपने अध्यापक-जीवन में उन्नति करते-करते वे प्रिंसिपल और विद्यालय-निरीक्षक के सम्मानित पद पर पहुँच गए । ग्वालियर राजदरबार में भी उनका मान-सम्मान था । अटल जी की माताजी का नाम श्रीमती कृष्णा देवी था ।

ग्वालियर में शिंदे की छावनी में 25 दिसंबर, सन् 1924[1] ई० को ब्राह्ममुहूर्त में अटल जी का जन्म हुआ था । उस दिन ईसा मसीह का जन्मदिन भी था । इसलिए गिरजाघर से तोपों के गोलों की आवाज आ रही थी । अटल जी का घर गिरजाघर के पास ही था । ऐसा कुछ भाषित हुआ कि मानो वे तोपें उनके जन्म के स्वागत में ही दग रही थीं । ढोलक-मंजीरे के साथ सोहर गाए गए । सुंदर नवजात शिशु सबको आकर्षित करने लगा । उस समय कौन जानता था कि पं० कृष्ण बिहारी का यह शिशु एक दिन भारतीय राजनीति का अप्रतिहत राष्ट्र-नायक बनेगा और प्रधानमंत्री के पद को सुशोभित करेगा । पं० कृष्ण बिहारी जी के चार पुत्र अवध बिहारी, सदा बिहारी, प्रेम बिहारी, अटल बिहारी तथा तीन पुत्रियाँ विमला, कमला, उर्मिला हुईं । परिवार भरा-पूरा था ।

परिवार का विशुद्ध भारतीय वातावरण अटल जी की रग-रग में बचपन से ही रचने-बसने लगा । वे आर्यकुमार सभा के सक्रिय कार्यकर्ता थे । परिवार 'संघ' के प्रति विशेष निष्ठावान था । परिणामतः अटल जी का झुकाव भी उसी ओर हुआ और वे राष्ट्रीय स्वयंसेवक संघ के स्वयंसेवक बन गए । वंशानुक्रम और वातावरण दोनों ने अटल जी को बाल्यावस्था से ही प्रखर राष्ट्रभक्त बना दिया । अध्ययन के प्रति उनमें बचपन से ही प्रगाढ़ रुचि रही । अटल जी ने इस संबंध में संपादक को बताया :

"मेरे बाबा संस्कृत के जाने-माने विद्वान् थे । गाँव के छोटे-से घर में संस्कृत की सैकड़ों पुस्तकें थीं । बाबा गाँवों में घूम-घूमकर श्रीमद्भागवत की कथा बाँचते थे । इसी से परिवार का भरण-पोषण होता था । साहित्य-प्रेम बाबा से मेरे पिता जी को मिला । वे हिंदी के अच्छे कवि थे । ग्वालियर राज्य के वे सम्मानित कवियों में थे । ऐसे परिवार ने मुझमें साहित्य के बीज स्वतः डाल दिए । मैं बचपन से ही बाबा की पोथियाँ लेकर पढ़ा करता था । पिता जी की कविताओं को सुन-सुनकर मैं

1. विद्यालय प्रमाण-पत्र के अनुसार जन्मतिथि 25 दिसम्बर, सन् 1926 है ।

भी तुकबंदियाँ करने लगा। पिता जी के साथ कवि सम्मेलनों में भी जाया करता था। वह सवैया और घनाक्षरी का युग था। मैं भी समस्यापूर्तियाँ करने लगा। लोगों की प्रशंसा मिलती, उत्साह और बढ़ता।"

अटल जी की बी०ए० तक की शिक्षा ग्वालियर में ही हुई। वहाँ के विक्टोरिया कॉलेज (आज लक्ष्मीबाई कॉलेज) से उन्होंने उच्च श्रेणी में बी०ए० उत्तीर्ण किया। वे विक्टोरिया कॉलेज के छात्र संघ के मंत्री और उपाध्यक्ष भी रहे। वादविवाद प्रतियोगिताओं में सदैव भाग लेते थे। इलाहाबाद विश्वविद्यालय में आयोजित राष्ट्रीय स्तर की वादविवाद प्रतियोगिता में भाग लेने के लिए उन्हें विक्टोरिया कॉलेज से भेजा गया। दूर का सफर, विलम्ब हो गया। जब म्योर हॉल में पहुँचे तो प्रतियोगिता समाप्त हो चुकी थी। निर्णायक-मंडल अपना निर्णय तैयार करने में व्यस्त था। सभी लोग निर्णय की घोषणा की प्रतीक्षा कर रहे थे। तभी धूल-धूसरित अटल जी मंच पर चढ़ गए और--अध्यक्ष महोदय--कहकर क्षमायाचना करते हुए अपना भाषण प्रारंभ कर दिया। भाषण में ऐसा सम्मोहन था कि सभी श्रोता मंत्रमुग्ध ! निर्णायक-मंडल भी भाषण सुनने लगा। हर दो मिनट बाद तालियों से अटल जी का स्वागत होने लगा। परिणाम यह हुआ कि उन्हें प्रथम पुरस्कार प्रदान किया गया। डॉ० हरिवंशराय बच्चन निर्णायक-मंडल के एक सदस्य थे। ग्वालियर से आप उत्तर प्रदेश की व्यावसायिक नगरी कानपुर के प्रसिद्ध शिक्षा केंद्र डी०ए०वी० कॉलेज आए। राजनीतिशास्त्र से प्रथम श्रेणी में एम०ए० की परीक्षा उत्तीर्ण की। एल-एल०बी० की पढ़ाई को बीच में ही विराम देकर संघ के काम में लग गए।

पिता-पुत्र की कानून की पढ़ाई साथ-साथ

अटल जी और उनके पिताश्री दोनों लोगों ने कानून की पढ़ाई में एक साथ प्रवेश लिया। हुआ यह कि जब अटल जी कानून पढ़ने डी०ए०वी० कॉलेज, कानपुर आना चाहते थे, तो उनके पिता जी ने कहा—मैं भी तुम्हारे साथ कानून की पढ़ाई शुरू करूँगा। वे तब राजकीय सेवा से निवृत्त हो चुके थे। अस्तु, पिता-पुत्र दोनों साथ-साथ कानपुर आए। उन दिनों कॉलेज के प्राचार्य श्रीयुत कालकाप्रसाद भटनागर थे। जब ये दोनों लोग उनके पास प्रवेश हेतु पहुँचे तो उनके आश्चर्य का ठिकाना न रहा। दोनों लोगों का प्रवेश एक ही सेक्शन में हो गया। जिस दिन

अटल जी किसी कक्षा में न जाएँ, प्राध्यापक महोदय उनके पिता जी से पूछें—"आपके पुत्र कहाँ हैं ?" खूब ठहाके लगें। जिस दिन पिता जी कक्षा में न जाएँ, उस दिन अटल जी से वही प्रश्न—"आपके पिता जी कहाँ हैं ?" फिर वही ठहाके। अटल जी को दूध लेने जाना रहता था, इसलिए उन्हें प्रायः कक्षा में पहुँचने में विलम्ब हो जाता था। इस कारण उन्होंने अपना सेक्शन बदलवा लिया। छात्रावास में ये पिता-पुत्र दोनों साथ ही एक ही कमरे में छात्र-रूप में रहते थे। झुंड के झुंड लड़के उन्हें देखने आया करते थे।

प्रथम जेल-यात्रा

बचपन से ही अटल जी की सार्वजनिक कार्यों में विशेष रुचि थी। उन दिनों ग्वालियर रियासत दोहरी गुलामी में थी। राजतंत्र के प्रति जनमानस में आक्रोश था। सत्ता के विरुद्ध आंदोलन चलते रहते थे। सन् 1942 में जब गांधी जी ने 'अंग्रेजो,भारत छोड़ो' का नारा दिया तो ग्वालियर भी अगस्त क्रांति की लपटों में आ गया। छात्र वर्ग आंदोलन की अगुवाई कर रहा था। अटल जी तो सबके आगे ही रहते थे। जब आंदोलन ने उग्र रूप धारण कर लिया तो पकड़-धकड़ होने लगी। कोतवाल, जो उनके पिताश्री कृष्ण बिहारी के परिचित थे, ने पिता जी को बताया कि आपके चिरंजीव कारागार जाने की तैयारी कर रहे हैं। पिता जी को अटल जी के कारागार की तो चिंता नहीं थी, किंतु अपनी नौकरी जाने की चिंता जरूर थी। इसलिए उन्होंने अपने पुत्र को अपने पैतृक गाँव बटेश्वर भेज दिया। वहाँ भी क्रांति की आग धधक रही थी। अटल जी के बड़े भाई श्री प्रेम बिहारी उन पर नजर रखने के लिए साथ भेजे गए थे।

अटल जी पुलिस की लपेट में आ गए। उस समय वे नाबालिग थे। इसलिए उन्हें आगरा जेल की बच्चा-बैरक में रखा गया। चौबीस दिनों की अपनी इस प्रथम जेल-यात्रा के संस्मरण वे हँस-हँसकर सुनाते हैं।

राष्ट्रधर्म, पाञ्चजन्य और दैनिक स्वदेश का संपादन

पं० दीनदयाल उपाध्याय सन् 1946 में अटल जी को लखनऊ ले आए। लखनऊ में वे 'राष्ट्रधर्म' के प्रथम संपादक नियुक्त किए गए। उनके परिश्रम और कुशल संपादन से 'राष्ट्रधर्म' ने कुछ ही समय में अपना राष्ट्रीय स्वरूप

बना लिया । लखनऊ के साहित्यकारों में अपनी पहचान बनाने में उन्हें अधिक समय नहीं लगा ।

जहाँ एक ओर उनके प्रशंसकों की संख्या बढ़ने लगी, वहीं दूसरी ओर लाल देशों के समर्थक वामपंथियों की छाती पर साँप लोटने लगा । किंतु अटल जी निर्भयतापूर्वक निष्कंप दीपज्योति की भाँति वामपंथी प्रभंजन का जमकर सामना करते रहे । यहाँ की साहित्यिक संगोष्ठियों के वे 'हीरो' बन गए । उनके संपादकीय पढ़कर पं० श्रीनारायण चतुर्वेदी, अमृतलाल नागर, डॉ० रामकुमार वर्मा और महीयषी महादेवी वर्मा आदि वरिष्ठ एवं लब्ध-प्रतिष्ठ रचनाकार प्रशंसा करते थे । इसी बीच 'पाञ्चजन्य' का प्रकाशन प्रारंभ हुआ और अटल जी को ही उसका संपादक नियुक्त किया गया । 'पाञ्चजन्य' के प्रथम अंक की चारों ओर भूरि-भूरि प्रशंसा हुई ।

सन् 1948 ई० में 'राष्ट्रधर्म' के कार्यालय को कांग्रेस के राज्य में शासनादेश से 'सील' कर दिया गया । प्रेस के कर्मचारी बंदी बनाकर जेल में ठूँस दिए गए, किंतु अटल जी सबकी आँखों में धूल झोंककर तिड़ी हो गए । कुछ दिन लुक-छिपकर इलाहाबाद में रहे । न्यायालय के आदेश से मई, 1948 में 'राष्ट्रधर्म' का ताला खुल गया । यहीं से अटल जी ने दैनिक पत्र 'स्वदेश दैनिक' का संपादन प्रारंभ कर दिया । पत्र के सात अंक ही निकल पाए थे कि कार्यालय को पुनः सील कर दिया गया । यहाँ से अटल जी काशी चले गए और वहाँ साप्ताहिक 'चेतना' का संपादन करने लगे ।

ओ०टी०सी० के शिविर में कविता-पाठ

जिन दिनों अटल जी इंटरमीडिएट में पढ़ते थे, उन्होंने अपनी प्रसिद्ध कविता 'हिंदू तन-मन, हिंदू जीवन, रग-रग हिंदू मेरा परिचय' लिखी थी सन् 1942 में लखनऊ के कालीचरण कॉलेज में ओ०टी०सी० का कैम्प लगाया गया था । परमपूज्य गुरुजी के समक्ष जब उन्होंने अपनी यह कविता पढ़ी तो श्रोता बड़े प्रभावित हुए । जिस समय वे हवा में हाथ लहराते हुए, मुद्रा विशेष में, तेवर के साथ निम्नलिखित पंक्तियाँ पढ़ रहे थे, तो सभी श्रोता रोमांचित हो उठे थे :

होकर स्वतंत्र मैंने कब चाहा है कर लूँ जग को गुलाम ।
मैंने तो सदा सिखाया है करना अपने मन को गुलाम !

गोपाल-राम के नामों पर कब मैंने अत्याचार किए ?
कब दुनिया को हिंदू करने घर-घर में नरसंहार किए ?
कोई बतलाए काबुल में जाकर कितनी तोड़ीं मस्जिद ?
भू-भाग नहीं, शत-शत मानव के हृदय जीतने का निश्चय ।
हिंदू तन-मन, हिंदू जीवन, रग-रग हिंदू मेरा परिचय ।

दैनिक स्वदेश और वीर अर्जुन का संपादन

हिंदी पत्रकारिता के क्षेत्र में राष्ट्रीय ख्याति प्राप्त करने वाले अटल जी ने सन् 1950 ई० में 'दैनिक स्वदेश' के संपादक का कार्यभार पुनः सँभाला । जिस दिन इसका उद्घाटन कार्यक्रम संपन्न हुआ वह लखनऊ शहर के लिए एक ऐतिहासिक दिन था । हिंदी पत्रकारिता के दधीचि संपादकाचार्य पं० अम्बिकाप्रसाद वाजपेयी के साथ-साथ प्रख्यात विद्वान् डॉ० राधाकुमुद मुखर्जी भी वहाँ उपस्थित थे । लखनऊ के ही नहीं, प्रदेश के अनेक विद्वान्, कवि, साहित्यकार, राष्ट्रभाषा-प्रेमी और राष्ट्र-भक्त वहाँ बड़े उत्साह से आए थे । पत्र कुछ दिन तक जोर-शोर से निकलता रहा । आर्थिक संकट धीरे-धीरे पत्र को घेरने लगे । सरकारी विज्ञापन मिलते ही नहीं थे । बड़े दुखी मन से अटल जी को इसे बंद करना पड़ा । अपने अंतिम संपादकीय 'अलविदा' में उन्होंने मन की पीड़ा को व्यक्त किया है ।

लखनऊ से अटल जी दिल्ली चले आए । वहाँ उन्होंने 'वीर अर्जुन' के संपादक का दायित्व सँभाला । अनुभव की परिपक्वता, विचारों की गंभीरता और भाषा की स्पष्टता ने 'वीर अर्जुन' की ख्याति बढ़ा दी । इस पत्र के संपादकीय की दिल्ली के बुद्धिजीवियों और राष्ट्रीय राजनेताओं में खूब चर्चा होती थी । अटल जी की कलम में कुछ ऐसा जादू रहा कि पत्र की प्रति हाथ में आते ही लोग पहले संपादकीय पढ़ते थे, बाद में समाचार आदि । आज भी वे जो कुछ लिखते हैं, वह औरों से भिन्न और चिंतनपरक होता है । उन्होंने कलम की साधना की है, ग्रंथों का अनुशीलन किया है ।

जनसंघ के संस्थापक सदस्य

जनसंघ के एक संस्थापक सदस्य के नाते अटल जी के कंधों पर अब गुरुतर भार आ गया । भारतीय मनीषा के आचार्य, राष्ट्रीय मान-सम्मान के संरक्षक पूज्य

डॉ० श्यामाप्रसाद मुखर्जी को एक ऐसे कर्मठ, निष्ठावान और भारतीय संस्कृति के ज्ञाता को अपने निजी सचिव के रूप में रखने की आवश्यकता प्रतीत हुई । उन्होंने उन सभी गुणों और संभावनाओं को तरुण अटल में भाँप लिया और अपने निजी सचिव के रूप में रख लिया । अटल जी महान् नेता डॉ० श्यामाप्रसाद मुखर्जी के साथ छाया की तरह लगे रहे । उनके व्याख्यानों के आयोजन का प्रबंध अटल जी ही करते थे । डॉ० मुखर्जी की सभाओं में जनता का मेला उमड़ता था । अटल जी भी इन सभाओं को संबोधित करते थे । उनके व्याख्यानों की शैली डॉ० मुखर्जी को बहुत पसंद थी । अपना हाथ हवा में लहराते हुए, विनोदपूर्ण शैली में जब वे चुटीले व्यंग्य करते थे, तो तालियों की गड़गड़ाहट से सभा-स्थल गूँज उठता था । अब अटल जी की पहचान राष्ट्रीय स्तर पर बन गई ।

राजनीति में प्रवेश

कवि और पत्रकार अटल जी सक्रिय राजनीति में आ गए । सन् 1955 में श्रीमती विजयलक्ष्मी पंडित ने लोकसभा की सदस्यता से त्यागपत्र दे दिया । वे लखनऊ से सांसद थीं । चुनाव की तिथि घोषित हुई । अटल जी जनसंघ के प्रत्याशी के रूप में चुनाव-मैदान में कूद पड़े, किंतु साधनहीनता के कारण वे विजयी न हो सके । इससे उनके उत्साह में कमी नहीं आई, क्योंकि उनके चुनाव-भाषणों में श्रोताओं, विशेषकर युवकों की भीड़ अधिक रहती थी ।

सन् 1957 में द्वितीय आम चुनाव हुए । अटल जी बलरामपुर से संसद के लिए जनसंघ के प्रत्याशी थे । इस चुनाव में हिंदू मतदाताओं के साथ मुसलमान मतदाताओं ने भी उन्हें अपना 'मत' दिया । उनकी सभाओं की भीड़ देखकर विरोधी दलों के छक्के छूटने लगे । प्रतिद्वंद्वी दलों का एक न एक राष्ट्रीय नेता अटल जी को पराजित करने के लिए वहाँ चुनाव सभा करता रहा; किंतु विजयश्री ने अटल जी का ही वरण किया । अपनी विजय पर उन्होंने अपार जनसमूह की सभा में कहा था—"यह विजय मेरी नहीं, यह बलरामपुर क्षेत्र के समस्त नागरिकों की है । आपने मुझे प्यार-दुलार दिया । मैं वचन देता हूँ कि एक सांसद के रूप में इस क्षेत्र की सेवा एक राष्ट्रभक्त सेवक के रूप में करूँगा ।" ऐसा ही किया भी उन्होंने ।

संसद में प्रथम भाषण

धोती, कुर्ता और सदरी पहने, भरे-भरे गोल चेहरे वाले गौरवर्णी अटल जी संसद में अपना प्रथम भाषण देने जब उठे तो उस ठवनि से युवा मृगराज भी लजा जाता। सभी दृष्टियाँ उन्हीं पर टिक गईं। लोग हिंदी में उन्हें नहीं सुनना चाहते थे; किंतु वे क्यों मानते। उन्होंने तो राष्ट्रभाषा की सेवा का व्रत ही ले रखा था। उनका संबोधन हिंदी में सुनकर अनेक सांसद उठकर बाहर चले गए, पर अटल जी अबाध रूप से बोलते रहे। ये दिन उनके धैर्य और संयम के थे। उन्होंने हिंदी के अलावा अंग्रेजी में न बोलने का दृढ़ संकल्प ले लिया था। एक दिन ऐसा आया कि संसद सदस्यों ने उनकी भाषण-शैली और तथ्य-प्रस्तुति कला की प्रशंसा करना शुरू कर दिया। और अब तो अटल जी का भाषण सुनने के लिए सांसद दौड़-दौड़कर संसद कक्ष में पहुँचते हैं। वे एक सर्वमान्य सर्वश्रेष्ठ सांसद हैं, जिनके भाषण के समय न कोई टोका-टाकी होती है और न ही शोर-शराबा। उस समय पत्रकार दीर्घा भी खचाखच भरी रहती है।

संसद में अटल जी

1957 से 1962 दूसरी लोकसभा (बलरामपुर), 1962 से 1967 राज्यसभा (उत्तर प्रदेश), 1967 से 1971 चौथी लोकसभा (बलरामपुर), 1972 से 1977 पाँचवीं लोकसभा (ग्वालियर), 1977 से 1979 छठी लोकसभा (नई दिल्ली), 1979 से 1984 सातवीं लोकसभा (नई दिल्ली), 1986 से 1991 राज्यसभा (मध्य प्रदेश), 1991 से 1996 दसवीं लोकसभा (लखनऊ), 1996 से 1998 ग्यारहवीं लोकसभा (लखनऊ), 1998 से 1999 बारहवीं लोकसभा (लखनऊ), 1999 से......................तेरहवीं लोकसभा (लखनऊ)।

भारतीय जनता पार्टी के प्रथम राष्ट्रीय अध्यक्ष

6 अप्रैल, 1980 का दिन अटल जी के जीवन में विशेष महत्त्वपूर्ण रहा। इसी दिन बंबई में भारतीय जनता पार्टी का जन्म हुआ और अटल जी उसके राष्ट्रीय अध्यक्ष बनाए गए। इस महाधिवेशन में आपका जो भव्य स्वागत किया गया वह ऐतिहासिक था। शोभायात्रा में देश के कोने-कोने से आए पच्चीस हजार से अधिक लोगों ने अपने जननायक को अभूतपूर्व सम्मान प्रदान किया। इस अवसर पर उन्होंने

जो व्याख्यान दिया वह देश की राजनीति को नई दिशा देने वाला था ।

अभिनंदन और सम्मान

अटल जी के अभिनंदन तो नित्य ही होते रहते हैं । 25 जनवरी, 1992 को उन्हें पद्मविभूषण से अलंकृत किया गया । 28 सितंबर, 1992 को उन्हें उत्तर प्रदेश हिंदी संस्थान ने 'हिंदी गौरव' के सम्मान से सम्मानित किया और 51 हजार रुपए की धनराशि सादर भेंट की, जिसे उन्होंने उसी मंच से तुरंत अपनी ओर से उतनी ही धनराशि और देकर संस्थान को सादर भेंट कर दिया । हिंदी के ऐसे सपूत पर राष्ट्रभाषा का मस्तक सदैव ऊँचा उठा रहेगा । 20 अप्रैल, 1993 को उन्हें कानपुर विश्वविद्यालय ने मानद डी०लिट्० की उपाधि प्रदान की । 1 अगस्त, 1994 को श्री वाजपेयी को 'लोकमान्य तिलक सम्मान' पारितोषिक प्रदान किया गया जो उनके सेवाभावी, स्वार्थत्यागी तथा समर्पणशील सार्वजनिक जीवन के लिए था । 17 अगस्त, 1994 को संसद ने उन्हें सर्वसम्मति से 'सर्वश्रेष्ठ सांसद' के सम्मान से सम्मानित किया । जब से अटल जी प्रधानमंत्री के पद पर आसीन हुए, उनका प्रतिमास कहीं न कहीं अभिनंदन होता रहता है ।

सादा जीवन, उच्च विचार

सादा जीवन व्यतीत करने वाले अटल जी उच्च विचारों के व्यक्ति हैं । पढ़ने और लिखने का उन्हें बहुत शौक है । थोड़ा-सा भी खाली समय मिलने पर वे कोई न कोई पुस्तक हाथ में उठा लेते हैं । भोजन बनाने में उन्हें काफी रुचि है; और हाँ, अपने हाथों से परोसकर खिलाने में बहुत प्रसन्न होते हैं । खिचड़ी के वे शौकीन हैं । हिंदी कवियों में महाप्राण निराला भोजन बनाने और खिलाने के लिए प्रसिद्ध थे ।

अटल जी देश के महान् नेता हैं, किंतु साहित्य-प्रेमियों को उनका कवि रूप ही बहुत प्रिय है । राजनीति में रहते हुए भी वे अजातशत्रु हैं ।

प्रकाशित रचनाएँ

1. मृत्यु या हत्या, 2. अमर बलिदान, 3. कैदी कविराय की कुंडलियाँ, 4. न्यू डाइमेंसन ऑफ फॉरेन पॉलिसीज़, 5. लोकसभा में अटल जी, 6. अमर आग है, 7. मेरी इक्यावन कविताएँ, 8. कुछ लेख, कुछ भाषण, 9. राजनीति की

रपटीली राहें, 10. बिन्दु-बिन्दु विचार, 11. सेक्युलरवाद, 12. मेरी संसदीय यात्रा, 13. सुवासित पुष्प, 14. संकल्प काल, 15. विचार बिन्दु, 16. शक्ति से शान्ति, 17. न दैन्यं न पलायनम्, 18. अटल जी की अमेरिका-यात्रा, 19. नयी चुनौती : नया अवसर ।

अटल जी के लेख और कविताएँ राष्ट्रधर्म, पाञ्चजन्य, नई कमल ज्योति, धर्मयुग, कादम्बिनी, नवनीत आदि में प्रकाशित हुए हैं ।

कवि और राजनेता की डाँड़ामेंड़ी

आज अटल जी राष्ट्रीय क्षितिज पर एक स्वच्छ छवि वाले राजनेता माने जाते हैं । इसका पूरा-पूरा श्रेय अटल जी के कवि को ही जाता है । वे वाक्‌संयम के मंत्र को सिद्ध कर चुके हैं; तभी उनकी वाणी से च्युत संस्कृति का एक भी शब्द नहीं निकल सकता । वे अपने राजनीतिक भाषणों में काव्यात्मक शैली में भूमिका प्रस्तुत करते हुए अकाट्य तर्क प्रस्तुत कर सरलतम शब्दों में व्यंग्य और विनोद के बुलबुले उछाल देते हैं और सरसता के साथ समापन कर देते हैं । यदि सही अर्थों में पड़ताल की जाए तो यह कहना पड़ेगा कि अटल जी का राजनेता उनके कवि का चिरऋणी रहेगा ।

वे किसी भी स्थिति, अवसर या स्थान पर क्यों न हों, उनका कवि उनके साथ-साथ रहता है । यह बात जरूर है कि उनके राजनेता ने उनके कवि को पछाड़ दिया है । पछाड़ भले ही दिया हो, पर उसकी मजबूरी भी है कि वह बिना कवि के एक पग आगे नहीं बढ़ता है । गाढ़े समय में वही तो सहायक बनता है । न्यूयार्क में जब वे इलाज के लिए गए थे, गंभीर बीमारी के समय रात में उन्हें नींद नहीं आ रही थी तो कवि ने ही उनके हाथ में कलम थमाकर—'मौत से ठन गई'—कविता लिखवाई थी । राजनेता तो गुमसुम था । एक प्रश्न सहज ही उठता है कि अटल जी का राजनेता जो सिरमौर वक्ता बना हुआ है, क्या वह राजनेता के बलबूते पर ? कदापि नहीं । अटल जी के कवि ने ही अपना बहुत बड़ा त्याग कर उसे यह गौरव प्रदान कराया है ।

अटल जी अपने आदर्शों और मूल्यों के प्रति सर्वदा अटल रहते हैं । वहाँ समझौते की गुंजाइश नहीं होती है । उनके सामने राष्ट्रहित सर्वोपरि होता है । जिन दिनों वे भारत के विदेश मंत्री थे, उन्होंने अपने बुद्धिबल से पाकिस्तान के मनोबल

को धराशायी कर दिया । पाकि... ने कश्मीर का नाम तक लेना बंद कर दिया था । उस पृष्ठभूमि में वह कश्मीर के प्रश्न को हमेशा के लिए हल करने को तैयार हो गया था । उनकी विदेश नीति की सफलता को विरोधियों ने भी स्वीकारा था और प्रशंसा की थी ।

अटल जी स्वभाव से विरागी नहीं हैं, रागी हैं; किंतु उनकी राग-भावना अपने परिवारजनों की सीमा को लाँघकर समूचे देशवासियों तक फैल गई है और शनैः-शनैः विश्वोन्मुखी हो गई है । छोटे-छोटे बच्चों के साथ उन्हें बतियाते जिसने देखा है, वह सहज ही अनुमान लगा सकता है कि उनके मन को कुंठाएँ जकड़ ही नहीं सकतीं । वे हमेशा तरोताजा रहते हैं । दिन-भर कई जनसभाओं की व्यस्तता, सैकड़ों लोगों से मिलना, उनके हाल-चाल पूछना, फिर बैठकर अपनी कविताओं की पांडुलिपि ठीक करना, प्रूफ देखना और थोड़ी देर में अचानक उठकर कहना—"बोलो, कौन-कौन सरकस देखने चलता है ?" वहाँ थोड़ी देर नहीं, दो घंटे से भी ऊपर बैठते हैं, वह भी अत्यंत सहज भाव से; कलाकारों को शाबाशी देते रहते हैं, तालियाँ बजाकर उनका उत्साह संवर्धन करते हैं और दो फुटी जोकर से हाथ भी मिलाते हैं । दीया लेकर ढूँढ़ने पर क्या कोई ऐसा राजनेता मिलेगा ? प्रश्न उठता है, ऐसा क्यों है ? ऐसा इसलिए है कि वे मूलतः कवि हैं । उनमें कविता के संस्कार बहुत गहरे हैं, पर राजनीति के चस्के ने उसे मंद कर रखा है । इसमें विस्मय नहीं है कि कभी न कभी उनका कवि उनके राजनेता को आदेश दे सकता है—"राजनीति की काली कमली को छोड़कर मेरी धवल चादर ओढ़ लो ।"

भारत के प्रधानमंत्री बने

अटल जी 11वीं लोकसभा में लखनऊ से सांसद के रूप में विजयी हुए और भारतीय लोकतंत्र के प्रधानमंत्री बने । राष्ट्रपति महोदय ने उन्हें 16 मई, 1996 को प्रधानमंत्री-पद की शपथ दिलाई, किंतु उन्होंने विपरीत परिस्थितियों के कारण 28 मई, 1996 को स्वयं त्यागपत्र दे दिया ।

दोबारा प्रधानमंत्री बने

सन् 1998 के चुनावों में भी भारतीय जनता पार्टी लोकसभा में सबसे बड़ी पार्टी के रूप में उभरी । चुनावों के पूर्व उसने देश की अन्य कई पार्टियों के साथ

मिलकर चुनाव लड़े थे । भारतीय जनता पार्टी और उसकी सहयोगी पार्टियों को राष्ट्रपति महोदय ने सरकार बनाने के लिए उपयुक्त पाया और अटल जी को सरकार बनाने का निमंत्रण दिया । अटल जी ने 19 मार्च, 1998 को प्रातः 9.30 बजे प्रधानमंत्री-पद की शपथ ली ।

तीसरी बार प्रधानमंत्री बने

13 अक्तूबर, 1999 को संसद भवन से लेकर राष्ट्रपति भवन तक का पूरा क्षेत्र झंडों और बंदनवारों से सजा था । सभी चेहरों पर प्रसन्नता थी । विरोधियों के मनसूबे चकनाचूर हो गए थे । किसी को हताशा हुई थी, किसी को निराशा मिली थी और किसी के स्वप्न भंग हो गए थे । देश ने अटल जी के व्यक्तित्व और कृतित्व पर रीझकर उन्हें तीसरी बार भारत का प्रधानमंत्री बनाया । नेतृत्व की पारदर्शिता और बेदाग चादर को जनता ने स्वीकारा । देश-विदेश से बधाइयों के फोन, फैक्स और तार आ रहे थे । देश के कोने-कोने से लोग उनके निवास पर इकट्ठे हो रहे थे और अटल जी सबसे मिल रहे थे । कोई उन्हें मिठाई खिला रहा था और किसी को वे खिला रहे थे । समूचा देश ही उनका परिवार है ।

प्रधानमंत्री की अमेरिका-यात्रा

6 सितंबर, 2000 । प्रधानमंत्री का निवास । आज दूसरे दिनों की अपेक्षा यहाँ कुछ अधिक चहल-पहल है । कर्मचारी सामान पैक करने में व्यस्त हैं । श्री रंजन भट्टाचार्य सबको समझा रहे हैं कि कौन चीज किस बंडल में बँधेगी । प्रधानमंत्री भी कुछ अधिक व्यस्त हैं । एक तैल चित्र दो बार बाहर के कार्यालय से घर के अंदर जाता और लौटता है । यह निर्णय तभी हो पाता है जब प्रधानमंत्री यह कहते हैं कि नहीं, यह जाएगा । बंडल घर से निकालकर बाहर के कार्यालय में रखे जाते हैं । उन पर एक पी०एस० पहचान हेतु नाम लिखते हैं ।

रात्रि 11 बजे प्रधानमंत्री बाहर निकलते हैं और कार में बैठते हैं । कार रेंगना शुरू कर देती है । हवाई अड्डे पर अन्य सभी लोग आ गए हैं । वायुयान तैयार है । मंत्रिमंडल के वरिष्ठ सदस्य उन्हें विदाई देते हैं और वे वायुयान में बैठ जाते हैं ।

7 सितंबर से 17 सितंबर तक प्रधानमंत्री अमेरिका-प्रवास पर रहे । न्यूयार्क में

उन्होंने 7 सितंबर को एशिया सोसायटी में व्याख्यान दिया । 8 सितंबर को संयुक्त राष्ट्र सहस्राब्दी सम्मेलन में भाग लिया तथा बाँग्लादेश की प्रधानमंत्री से बातचीत की । 9 सितंबर को चिकित्सा से संबंधित संगोष्ठी में भाषण, 10 सितंबर विश्राम, 11 सितंबर डॉक्टरी जाँच, 12 सितंबर आप्रवासियों से भेंट, 13 सितंबर वाशिंगटन रवाना, 14 सितंबर अमेरिकी संसद में भाषण, 15 सितंबर राष्ट्रपति क्लिंटन से बातचीत, 16 सितंबर गांधी जी की प्रतिमा का अनावरण और 17 सितंबर भारत के लिए प्रस्थान ।

प्रधानमंत्री को अमेरिका में जो राजकीय मान-सम्मान दिया गया वो विशेष उल्लेख्य है । उन्हें ब्लेयर हाउस (वाशिंगटन) में ठहराया गया, जिसमें अभी तक भारत के दो प्रधानमंत्रियों श्री जवाहरलाल नेहरू तथा श्रीमती इंदिरा गांधी को ही ठहराया गया था । संसार के बहुत कम देशों के राष्ट्राध्यक्षों को ब्लेयर हाउस में ठहराया जाता है । इस यात्रा की एक महत्त्वपूर्ण बात यह रही कि राष्ट्रपति क्लिंटन प्रधानमंत्री के साथ विभिन्न अवसरों पर उपस्थित रहे ।

केरल में नौका-विहारी

अपना जन्मदिन (25 दिसंबर, 2000) मनाने के दूसरे दिन प्रधानमंत्री अटल जी एक सप्ताह के लिए केरल के कोट्टायम स्थान में छुट्टी मनाने गए ।

यह सर्वविदित है कि उन्हें प्रकृति से अकूत प्रेम है । हरी-हरी दूब, केले और नारियल के पेड़, नदियों के कल-कल स्वर, सागर की लहरें उन्हें बहुत आकर्षित करती हैं ।

अपनी इन छुट्टियों में उन्होंने नौका-विहारी का लुत्फ लिया । अटल बिहारी हैं, विचरणशील हैं, तो जल-विहार करेंगे ही ।

अटल जी ने वैम्बानद झील में विशेष तौर पर तैयार की गई वैकुंठधाम हाउस बोट में नौका-विहार का आनंद उठाया ।

वे तो एक दिन पूर्व ही नौका-विहार का आनंद उठाना चाहते थे, लेकिन मूसलाधार बारिश के कारण यह संभव नहीं हो सका और उन्होंने अपना समय पुस्तकें पढ़कर बिताया । दो मंजिली वैकुंठधाम पर प्रधानमंत्री के साथ उनके परिवार के कुछ सदस्य, उनके कार्यालय तथा केरल पर्यटन विभाग के कुछ वरिष्ठ अधिकारी भी मौजूद थे। प्रधानमंत्री के नौका-विहार के मद्देनजर झील के किनारों पर

कड़े सुरक्षा-प्रबंध किए गए थे । दस कमरों वाली वैकुंठधाम मोटर बोट केरल पर्यटन विभाग ने तैयार कराई थी । इसकी छत फूस की बनी हुई थी । सुरक्षाकर्मियों द्वारा मल्लाहों को अनुमति नहीं देने के कारण इसे बैटरी से चलाने का प्रबंध किया गया था । हाउस बोट को केरल के परंपरागत केन के फर्नीचर से सजाया गया था ।

तीस मिनट के नौका-विहार के बाद उन्हें दोपहर का भोजन परोसा गया । श्री वाजपेयी प्रसिद्ध गजल-गायक हरिहरन की गायकी का लुत्फ उठाने के बाद 23 बजकर 15 मिनट पर अपने कमरे में गए थे ।

इंडोनेशिया की यात्रा

प्रधानमंत्री एक सप्ताह के लिए 7 जनवरी, 2001 को इंडोनेशिया की राजकीय यात्रा पर गए । उनकी इस यात्रा से भारत और इंडोनेशिया के संबंध काफी मजबूत हुए । वहाँ पर उन्होंने शिव मंदिर में शिवलिंग पर गंगाजल भी चढ़ाया, भोज के अवसर पर अपनी कविता भी सुनाई ।

गणतंत्र दिवस मनाया

26 जनवरी, 2001 को प्रधानमंत्री जी ने अमर शहीद स्थल पर शहीदों को पुष्पांजलि अर्पित की, मौन खड़े होकर उनके प्रति श्रद्धा व्यक्त की । बाद में परेड और विभिन्न झाँकियों का मुदित मन से अवलोकन किया ।

गुजरात के भूकंप से दुखी

गुजरात में आए विनाशकारी भूकंप से प्रधानमंत्री बहुत दुखी हुए । वे वहाँ का हवाई सर्वेक्षण करने गए और भुजवासियों से मिले । इस त्रासदी से युद्धस्तर पर निपटने के लिए सभी प्रकार के संभव प्रयत्न किए, अपनी जापान-यात्रा को स्थगित कर दिया । उनके आह्वान पर पूरे राष्ट्र ने भूकंप-पीड़ितों की सहायता की । विदेशों ने भी बढ़-चढ़कर अपनी सेवाएँ भारत को दीं ।

□□

काव्य-वैभव

आनन्दमयी सृष्टि में एक अन्तर्व्यापी चेतना विद्यमान है। चेतनाशून्यता निष्प्राणता की प्रतीक है। चेतना विश्वात्मा को एक सूत्र में आबद्ध किए है। मनुष्य चेतन जगत् का सर्वश्रेष्ठ प्राणी है। बुद्धि, विवेक, सहानुभूति, दया, क्षमा, प्रेम, औदार्य आदि के कारण ही वह सर्वोत्कृष्ट बन गया। वह अपने अन्तरमन के भावों को जब काव्य के माध्यम से व्यक्त करता है तो स्वार्थ-भाव से ऊपर उठकर लोकहित की चिन्ता करता है। यही लोकहित मंगलम् या शिवम् कहलाता है। कवि की कविता में सत्यम्, शिवम्, सुन्दरम् की त्रिवेणी का संगम रहता है, जिसमें मानस स्नान करके लोक के पात्र अपने प्रदूषित विचारों की कालिमा को धोने का अवसर पाते हैं। सच्चा कवि वन्द्य और प्रणम्य होता है क्योंकि वह 'सब कहँ हित होई' भाव से काव्य की सृष्टि करता है।

यहाँ पर हम जिन कवि श्री अटल जी के काव्य-वैभव का विश्लेषण करने जा रहे हैं, उनके काव्य में राष्ट्र-प्रेम की उदात्त स्वरलहरी गुंजित होती है। राष्ट्र उन्हें प्राणों से भी अधिक प्यारा है।

अटल जी को पारिवारिक संस्कारों से राष्ट्रवादी विचारों की थाती मिली थी। उन संस्कारों को राष्ट्रीय स्वयंसेवक संघ ने उर्वर भूमि प्रदान कर दी। उनकी कविताओं में राष्ट्रीयता की भावना जिस ओजस्विता, तेजस्विता और वीरता के स्वरों के साथ व्यक्त हुई है, वह राष्ट्र के गौरव को रेखांकित करती है। कुछ पंक्तियाँ उद्धृत हैं :

आज सिन्धु में ज्वार उठा है, नगपति फिर ललकार उठा है,
कुरुक्षेत्र के कण-कण से फिर, पाञ्चजन्य हुँकार उठा है।
   शत-शत आघातों को सहकर, जीवित हिन्दुस्थान हमारा,
   जग के मस्तक पर रोली-सा, शोभित हिन्दुस्थान हमारा।
दुनिया का इतिहास पूछता, रोम कहाँ, यूनान कहाँ है?
घर-घर में शुभ अग्नि जलाता, वह उन्नत ईरान कहाँ है?

दीप बुझे पश्चिमी गगन के, व्याप्त हुआ बर्बर अँधियारा।
किन्तु चीरकर तम की छाती, चमका हिन्दुस्थान हमारा।

अटल जी ने 'अमर है गणतंत्र' शीर्षक कविता 26 जनवरी, 1975 को उन क्षणों में रची थी जब वे नज़रबंद थे। अस्वस्थता के कारण अस्पताल में थे, तब भी उन पर चौकसी रखी गई थी। अपनी उक्त कविता में उन्होंने राजमद के नशे में चूर शासन से स्पष्ट कहा था :

रक्त के आँसू बहाने को विवश गणतंत्र,
राजमद ने रौंद डाले मुक्ति के शुभ मंत्र।
क्या इसी दिन के लिए पूर्वज हुए बलिदान?
पीढ़ियाँ जूझीं, सदियों चला अग्निस्नान?
स्वतंत्रता के दूसरे संघर्ष का घननाद,
होलिका आपात् की फिर माँगती प्रह्लाद।
अमर है गणतंत्र कारा के खुलेंगे द्वार,
पुत्र अमृत के न विष से मान सकते हार।

अटल जी प्राचीन भारत की संस्कृति तथा अपने गौरवग्रंथों पर अगाध और अपार आस्था रखने वाले कवि हैं। संस्कृति और धर्म के प्रति उनमें नवीनतम चेतना विद्यमान है किन्तु वह चेतना आस्था की प्रज्वलित शिखा को प्रभंजन से बचाने के लिए है न कि उस पर पड़ी विपदाओं को देखकर पराङ्मुख होनेवाली। उनका लेखन चिन्तन प्रधान है। सहसा भावावेश में आकर वे रचना करते ही नहीं। संस्कृत साहित्य और इतिहास की पारिवारिक पृष्ठभूमि के कारण वे अपनी रचनाओं में विचारों की भावगर्भित भंगिमा को प्रस्तुत करते हैं। उनकी 'अमर आग' कविता भारतीय संस्कृति, सभ्यता और वेदों आदि के महत्त्व पर एक सशक्त रचना है। वे गर्व के साथ कहते हैं :

पर्णकुटी में पर्णासन पर
कोटि-कोटि ऋषियों-मुनियों ने—
दिव्य ज्ञान का सोम पिया था,
जिसका कुछ उच्छिष्ट मात्र
बर्बर पश्चिम ने,
दया दान सा,
निज जीवन को सफल मानकर,

कर पसार कर
सिर आँखों पर धार लिया था।

वेद-वेद के मंत्र-मंत्र में
मंत्र-मंत्र की पंक्ति-पंक्ति में
पंक्ति-पंक्ति के शब्द-शब्द में
शब्द-शब्द के अक्षर स्वर में
दिव्य ज्ञान-आलोक प्रदीपित।

विश्व को 'श्रीमद्भागवत गीता' जैसी अद्भुत रचना भारत ने ही दी है। गीता में दिया गया दिव्य ज्ञानालोक समग्र मानव जाति को सद्पथ दिखला रहा है। विश्व को ऐसी अमूल्य धरोहर प्रदान करने वाले अपने देश पर कवि को अभिमान है। वह इंगित करता है कि जब हमारे यहाँ गीता की कल्याणी वाणी गूँज रही थी तब दुनिया के अन्य देश अज्ञान के कुहासे में डूबे थे :

गूँज उठी गीता की वाणी,
मंगलमय जन-जन कल्याणी।
अपढ़, अजान विश्व ने पाई,
शीश झुकाकर एक धरोहर।

हमारी धरती ने विश्व को क्या नहीं दिया ? हमने मानव-मानव में कभी भेद नहीं किया। हृदय की विशालता के कारण ही तो हमने अपना सर्वस्व मुक्त हस्त से लुटा दिया, पर हमारा कोष भरा का भरा रहा। कवि की ये पंक्तियाँ इस संदर्भ में उल्लेख्य हैं :

मैंने छाती का लहू पिला, पाले विदेश के क्षुधित लाल।
मुझ को मानव में भेद नहीं, मेरा अन्तस्थल वर विशाल।
जग के ठुकराए लोगों को, लो मेरे घर का खुला द्वार।
अपना सब कुछ हूँ लुटा चुका, फिर भी अक्षय है धनागार।

कवि अटल को हिन्दू धर्म, हिन्दू संस्कृति और हिन्दू दर्शन पर नाज़ है। वे 'हिन्दू' होने पर गर्वानुभूति करते हैं। हिन्दू समाज को महासागर बताते हुए वे कहते हैं :

मैं एक बिन्दु परिपूर्ण सिंधु, है यह मेरा हिन्दू समाज।
मेरा-इसका सम्बन्ध अमर, मैं व्यक्ति और यह है समाज।

इससे मैंने पाया तन-मन, इससे मैंने पाया जीवन।
मेरा तो बस कर्तव्य यही, कर दूँ सब कुछ इसको अर्पण।

जो लोग अपने को 'हिन्दू' कहने में लजाते हैं तथा बिना अर्थ समझे धर्मनिरपेक्षता की डींग हाँकते हैं, ऐसे धर्म, सम्प्रदाय और पंथ के भाव को न समझने वालों को कवि पहचान गया है। अपने तीखे स्वर में, फटकार की शैली में कवि मन के भावों को व्यक्त करता है :

हिन्दू कहने में शरमाते, दूध लजाते लाज न आती
घोर पतन है, अपनी माँ को माँ कहने में फटती छाती।
जिसने रक्त पिलाकर पाला, क्षण भर उसका वेश निहारो
उसकी खूनी माँग निहारो, बिखर-बिखरे केश निहारो।
जब तक दुःशासन है, वेणी कैसे बँध पाएगी
कोटि-कोटि संतति है, माँ की लाज न लुट पाएगी।

अटल जी की ये पंक्तियाँ 'हल्दीघाटी' के रचनाकार पं० श्याम नारायण पाण्डेय की याद दिलाती हैं। वही तेवर है, वही ललकार है और वही आक्रोश-भरा स्वर।

कवि की यही ललकार वाली शैली 'पड़ोसी से' शीर्षक कविता में भी बाँची जा सकती है :

अपने ही हाथों तुम अपनी कब्र न खोदो
अपने पैरों आप कुल्हाड़ी नहीं चलाओ
ओ नादान पड़ोसी! अपनी आँखें खोलो
आजादी अनमोल न इसका मोल लगाओ।
पर तुम क्या जानो आजादी क्या होती है
तुम्हें मुफ्त में मिली न कीमत गई चुकाई
अँगरेजों के बल पर दो टुकड़े पाए हैं
माँ को खण्डित करते तुमको लाज न आई।

कवि की कथनी-करनी में राई मात्र का अन्तर नहीं है। कवि ने अपना सर्वस्व राष्ट्र को अर्पण ही कर दिया; स्वयं का न घर, न परिवार। पूरा देश जिसका घर हो, पूरा समाज जिसका परिवार हो, वह बन्धन में कैसे बँधता? लोगों की रगों के रक्त को तीव्र संचार प्रदान करने वाली कवि की वाणी स्पष्ट कहती है :

भगवा ध्वज का संदेश-त्याग
वन-विजन कान्त नगरी अशान्त।
पंजाब-सिंधु संयुक्त प्रान्त
केरल कर्नाटक औ' बिहार।
कर पार चला संगठन राग
हिन्दू-हिन्दू मिलते जाते।
देखो हम बढ़ते ही जाते।

कवि अटल का हृदय वर्तमान भारत की दयनीय दशा को देखकर रुदन करने लगता है। वे अतीत का स्मरण करते हैं और वर्तमान के तेवर को बदलना चाहते हैं। वे अनुभव करते हैं कि आज भारत के करोड़ों कंठों में मर-मिटने की रागिनी उत्पन्न हो गई है :

कोटि दीप जल रहे तमिस्रा चीर-चीर कर,
कोटि चरण बढ़ रहे ध्येय की ओर निरन्तर।
आँसू नहीं, स्वेद शोणित की आज माँग है,
कंठ-कंठ में मर मिटने का अमिट राग है।

वे सच्ची राष्ट्रभक्ति के पक्षधर हैं। उनका विश्वास है कि जो लोग झूठी देशभक्ति का चोगा पहने राष्ट्रभक्ति का झूठा स्वाँग रचते हैं, अब उन के मनसूबे सफल न हो पाएँगे। वे अकम्पित स्वर में कहते हैं :

अब न चलेगा राष्ट्र-प्रेम का गर्हित सौदा,
यह अभिनव चाणक्य न फलने देगा विष का पौधा।
तन की शक्ति, हृदय की श्रद्धा, आत्म-तेज की धारा,
आज जगेगा जग-जननी का सोया भाग्य सितारा।

कवि सन् 1953 में जम्मू की दशा देखकर चिन्तित होता है; किन्तु चिन्तित होकर आँसू नहीं बहाता। 'क्या पुनः देश टुकड़ों में बँट जाएगा?' कहकर अटल जी ललकार-भरे स्वरों में गर्जना करते हैं :

उजड़े सुहाग की लाली तुम्हें बुलाती,
अधजली चिता मतवाली तुम्हें जगाती।
अस्थियाँ शहीदों की देतीं आमन्त्रण,
बलिवेदी पर कर दो सर्वस्व समर्पण।

अब शोणित से इतिहास नया लिखना है,
बलिपथ पर निर्भय पाँव आज रखना है।
आओ खण्डित भारत के वासी आओ,
कश्मीर बुलाता, त्याग उदासी आओ।

अटल जी कायरों से दूर रहने की बात बिना लाग-लपेट के निःसंकोच भाव से कहते हैं। रणभेरी सुनकर जिनके हृदय कम्पित हो उठते हैं, वे घरों में दुबककर चूड़ियाँ पहनकर बैठ जाएँ :

जो विमुख युद्ध से, हठी, क्रूर कादर हैं,
रणभेरी सुन कम्पित जिन के अन्तर हैं।
वे दूर रहें चूड़ियाँ पहन कर बैठें,
बहनें थूकें, माताएँ कान उमेठें।

कवि अटल अब नवीन इतिहास की रचना करना चाहते हैं, जो रक्त से लिखा जाएगा। उस इतिहास की प्रस्तावना के आरम्भ में वे प्रश्न करते हैं :

कब तक जम्मू को यों ही जलने देंगे ?
कब तक जुल्मों की मदिरा ढलने देंगे ?
माँ-बहनों का अपमान सहेंगे कब तक ?
भोले पाण्डव चुपचाप रहेंगे कब तक ?

ऐसी चुनौती देने वाला कवि, चन्द या भूषण की धरती ही में उत्पन्न हो सकता है, जिसकी वाणी में देशवासियों की धमनियों के रक्त में तीव्र संचार उत्पन्न करने की क्षमता हो। कविवर अटल सच्चे अर्थों में राष्ट्रकवि कहलाने के अधिकारी हैं क्योंकि उनके काव्य में भूषण की ललकार, नवीन जी की ओजस्विता और माखनलाल चतुर्वेदी की तेजस्विता है।

कवि राष्ट्र की अस्मिता के लिए किसी भी कुर्बानी को हँस-हँसकर देने का आह्वान करता है, क्योंकि उसका संघर्ष 'चिर संघर्ष' बन गया है। वह आवेगमयी भाषा में स्पष्ट घोषणा करता है :

किसने ऐसा दूध पिया जो रोके गति तूफानी,
यह जीवन का ज्वार चली उफनाती प्रखर जवानी।
युवक हार जाते हैं, लेकिन यौवन कभी न हारा,
एक निमिष की बात नहीं है चिर-संघर्ष हमारा।

यौवन कभी न हारा—कवि के ये शब्द देश की भावी तरुणाई को भी संघर्ष की प्रेरणा देते रहेंगे। पीढ़ी दर पीढ़ी राष्ट्र का यौवन मुस्कान के साथ संघर्ष-पथ पर अग्रसर होता रहेगा। कवि अटल के ये शब्द भारतीय वायुमण्डल में व्याप्त होकर अटल बन गए हैं।

अटल जी का हृदय खण्डित भारत का मानचित्र निरखकर विगलित हो उठता है। वे देशवासियों को सावधान करते हैं—जो कुछ पाया है, उसके हर्षोन्माद में यह न भूल जाएँ कि जो खोया है उसे भी पाना है। स्वतंत्रता पर्व पर कवि कहता है—'आजादी अभी अधूरी है; रावी की शपथ न पूरी है।' सुभद्रा-कुमारी चौहान की तेजोमयी वाणी का जैसा तेज उगलता हुआ कवि कहता है :

दिन दूर नहीं खण्डित भारत को पुनः अखण्ड बनाएँगे,
गिलगित से गारो पर्वत तक, आजादी पर्व मनाएँगे।
उस स्वर्ण दिवस के लिए आज से कमर कसें बलिदान करें,
जो पाया उसमें खो न जाएँ, जो खोया उसका ध्यान करें।

लाहौर, कराची, ढाका पर मातम की है काली छाया,
पख्तूनों पर, गिलगित पर है गमगीन गुलामी का साया।
बस इसीलिए तो कहता हूँ, आजादी अभी अधूरी है,
कैसे उल्लास मनाऊँ मैं? थोड़े दिन की मजबूरी है।

अटल जी राष्ट्र के लिए बलिदान होने वाले, स्वतंत्रता के लिए नाना प्रकार की यंत्रणाएँ सहने वाले सपूतों का स्मरण जिस श्रद्धाभाव से करते हैं, वह सभी देशवासियों के लिए अनुकरणीय है। 'उनकी याद करें' गीत के ये स्वर हमारे नयन गीले कर देते हैं :

जो वर्षों तक लड़े जेल में, उनकी याद करें,
जो फाँसी पर चढ़े खेल में, उनकी याद करें।
याद करें काला पानी को
अंग्रेजों की मनमानी को
कोल्हू में जुट तेल पेरते
सावरकर से बलिदानी को।

कवि अटल जी को मात्र राष्ट्रप्रेमी कहने से संतोष नहीं होता, क्योंकि वे प्रखर राष्ट्रभक्त हैं। राष्ट्रभक्ति का ज्वार, जो कवि के हृदय में उमड़ रहा है, उसे कौन रोक सकता है ? वे अपने महान् पूर्वजों का स्मरण करते हुए कहते हैं :

यमुना कहती कृष्ण कहाँ हैं? सरयू कहती राम कहाँ हैं?
व्यथित गण्डकी पूछ रही है चन्द्रगुप्त बलधाम कहाँ हैं?
अर्जुन का गाण्डीव किधर है, कहाँ भीम की गदा खो गई?
किस कोने में पाञ्चजन्य है, कहाँ भीष्म की शक्ति गई?

अटल जी की ये पंक्तियाँ रामधारीसिंह 'दिनकर' की निम्नस्थ पंक्तियों से मिलती-जुलती हैं :

तू पूछ अवध से राम कहाँ? वृन्दा बोलो घनश्याम कहाँ?
ओ मगध! कहाँ मेरा अशोक, ओ चन्द्रगुप्त बलधाम कहाँ?

कविवर अटल युद्ध का घोर विरोध करते हैं। वे शान्ति के पक्षधर हैं। किन्तु वह शान्ति होनी चाहिए सम्मानजनक तथा राष्ट्रहित का संवर्धन करने वाली। उनकी शांति आत्मसमर्पण वाली शांति कदापि-कदापि नहीं हो सकती। उनकी शांति कायरों की शांति नहीं, वीरों की शांति है; उनकी शांति गरल-दंतरहित अपाहिज सर्प की नहीं है, वह उस विषधर की शांति है जिसकी एक फुंकार से गरल की वृष्टि हो जाती है। उनका यह एलान उनके हृदय के मनोभावों को प्रकट करता है :

हथियारों के ढेरों पर जिनका है डेरा,
मुँह में शान्ति, बगल में बम, धोखे का फेरा,
कफन बेचने वालों से कह दो चिल्लाकर,
दुनिया जान गई है उन का असली चेहरा,
कामयाब हों उनकी चालें, ढंग न होने देंगे।
जंग न होने देंगे।

कवि कतई-कतई नहीं चाहता कि दो पड़ोसी, भारत और पाकिस्तान, आपस में लड़ें। वर्तमान पीढ़ी पर जो गुजरी सो गुजरी, किन्तु भावी पीढ़ी के साथ वैसा कुछ न होना चाहिए :

भारत पाकिस्तान पड़ोसी, साथ-साथ रहना है,
प्यार करें या वार करें, दोनों को ही सहना है।
रूसी बम हो या अमेरिकी, खून एक बहना है।

जो हम पर गुजरी बच्चों के संग न होने देंगे।
जंग न होने देंगे।

ऐसे शान्ति-कामना के स्वर उसी के हो सकते हैं जिसके अन्तर में प्रशान्ति का महोदधि हिलोरें लेता हो, जो विश्व में शान्ति की स्थापना का सच्चा एवं प्रबल समर्थक हो। ऐसी ही कविता द्वारा लोकमंगल के भावों को जन-मन तक पहुँचाया जा सकता है। धन्य हैं ये स्वर और धन्य हैं वाणी के ऐसे उपासक !

कवि की हार्दिक इच्छा है कि सभी देशवासी कदम मिलाकर चलें। हमारी अनेकता में एकता ऐसे परिलक्षित हो जैसे दूध में पानी। बाधाओं, विपदाओं, तूफानों, बवण्डरों और अवरोधों की परवाह किए बिना हमें आपस में मिलकर ही रहना चाहिए, इसी में राष्ट्र का कल्याण है :

सिर पर बरसें यदि ज्वालाएँ,
निज हाथों से हँसते-हँसते,
आग लगा कर जलना होगा,
कदम मिलाकर चलना होगा।

अटल जी भारतीय संस्कृति के संपोषक हैं। भारतीय संस्कृति के विरोधियों को वे करारा तर्कपूर्ण उत्तर देने में पटु हैं। इसका कारण है, उनकी अध्ययनशीलता। अपनी अनेक व्यस्तताओं के बीच भी वे पढ़ने के लिए समय निकाल लेते हैं। अपनी छंदमुक्त कविता 'अमर आग है' में वे वर्तमान समय की अपसंस्कृति से चिन्तित हैं। धर्म का सही अर्थ न जानने वालों को उन्होंने धर्म और सम्प्रदाय का भेद समझाया है। वर्तमान का एक चित्र अतीत के प्रतीकों के माध्यम से प्रस्तुत करते हुए वे लिखते हैं :

धर्मराज ने छोड़ी नहीं, जुए की लत है।
हर पंचायत में
पांचाली
अपमानित है।
बिना कृष्ण के
आज
महाभारत होना है।
कोई राजा बने
रंक को तो रोना है।

कवि धरती पर बौनों को नहीं चाहता, वह ऊँचे कद वालों को चाहता है,

पर इतने ऊँचों को नहीं कि जिनके पैर धरती को न छुएँ। प्रतीकों के माध्यम से बहुत कुछ कहने वाली ये पंक्तियाँ द्रष्टव्य हैं :

धरती को बौनों की नहीं
ऊँचे कद के इंसानों की जरूरत है।
इतने ऊँचे कि आसमान को छू लें
नए नक्षत्रों में प्रतिभा के बीज बो लें,
किन्तु इतने ऊँचे भी नहीं
कि पाँव तले दूब ही न जमे
कोई काँटा न चुभे,
कोई कली न खिले।

न वसंत हो, न पतझड़,
हो सिर्फ ऊँचाई का अंधड़,
मात्र अकेलेपन का सन्नाटा।

कवि अटल आशावादी हैं। उनकी आशा विश्वासों की ठोस नींव पर है। यही आशावादी दृष्टिकोण कवि को घोर तम में भी पथ दिखलाता है। तभी तो उनके काव्य में कुण्ठा, संत्रास और हताशा को स्थान नहीं मिलता। वे तो हमेशा काल के कपाल पर नया गीत लिखना चाहते हैं :

टूटे हुए तारों से फूटे वासन्ती स्वर
पत्थर की छाती में उग आया नव अंकुर
झरे सब पीले पात
कोयल की कुहुक रात
प्राची में अरुणिमा की रेख देख पाता हूँ।
गीत नया गाता हूँ।

कवि अटल जी अपनी कई नई कविताओं में दार्शनिक हो गये हैं। वे यथार्थ को पहचान गये हैं, सत्य की आहट पा गए हैं। जीवन-बोध का परिज्ञान समय की सीढ़ियों से उन्हें स्वतः हो रहा है। कवि का यह दर्शन आत्मसाक्षात्कार के निकट है; वे स्व को पहचान गए हैं। दुनिया की चकाचौंध में अब उन्हें कहीं कोई भ्रम नहीं है क्योंकि वे अपने आपको पहचानने में भूल नहीं कर सकते। सन् 1993 में अपने जन्मदिन पर वे लिखते हैं :

हर पचीस दिसम्बर को
ज़ीने की नई सीढ़ी चढ़ता हूँ,
नए मोड़ पर
औरों से कम, स्वयं से ज़्यादा लड़ता हूँ।
मेरा मन मुझे अपनी ही अदालत में खड़ा कर
जब जिरह करता है
मेरा हलफ़नामा, मेरे ही खिलाफ़ पेश करता है
तो मैं मुकदमा हार जाता हूँ।

ये पंक्तियाँ अज्ञेय की कविताओं का स्मरण कराती हैं। सीधा-सादा शिल्प किन्तु कितने ऊँचे भाव भरे हैं इनमें !

कवि अपने दार्शनिक विचारों में कहीं अस्पष्ट नहीं है। उसने न्यूयार्क में सन् 1994 में एक कविता 'मन का संतोष' लिखी थी। इस कविता को पढ़ने से भासित होता है कि इसमें उसने स्वयं के परिपक्व विचारों में अपने जीवन को ही प्रस्तुत किया है, किन्तु प्रकारान्तर से। कवि लिखता है :

पृथ्वी पर
मनुष्य ही ऐसा प्राणी है
जो भीड़ में अकेला, और—
अकेले में भीड़ से घिरा अनुभव करता है।
अंतिम यात्रा के अवसर पर,
विदा की वेला में
जब सबका साथ छूटने लगता है
शरीर भी साथ नहीं देता
तब आत्मग्लानि से मुक्त
यदि कोई हाथ उठाकर यह कह सकता है
कि उसने जीवन में जो कुछ किया
सही समझकर किया,
किसी को जानबूझकर चोट पहुँचाने के लिए नहीं
सहज कर्म समझकर किया
तो उसका अस्तित्व सार्थक है
उसका जीवन सफल है।

अस्तित्व की सार्थकता से ही मन को संतोष होता है। यह कवि का

सुचिन्तित, सुविचारित और स्वानुभूत निजी जीवन-दर्शन है।

अटल जी इस जगत की नश्वरता की बात 'यक्ष प्रश्न' शीर्षक कविता में कहते हैं। उनकी निम्नलिखित पंक्तियाँ यह स्पष्ट करती हैं कि वे कविता बहुत सोच-विचारकर लिखते हैं। वे कविता को सत्तारे या बैठे-ठाले का काम नहीं मानते। तभी वे सुचिन्तित बात कहते हैं :

जो कल थे,
वे आज नहीं हैं।
जो आज हैं
वे कल नहीं होंगे।
होने, न होने का क्रम,
इसी तरह चलता रहेगा,
हम हैं, हम रहेंगे
यह भ्रम भी सदा पलता रहेगा।

अटल जी नवम्बर, 1988 में गम्भीर रूप से बीमार थे। चिकित्सा के लिए वे न्यूयार्क गए थे। वहाँ से उन्होंने 'धर्मयुग' के संपादक को एक पत्र में लिखा—"शायद आपको पता हो कि मैं यहाँ इलाज के लिए आया हूँ...डॉक्टर ने जब उस दिन कहा कि ऑपरेशन करना पड़ेगा, तो मैं उस रात को अच्छी तरह सो नहीं सका। एक आशंका मन को मथती रही। अपने भाव शब्दबद्ध कर डाले। काव्य की कसौटी पर मेरा प्रयास भले ही खरा न उतरे, किन्तु यह मेरी जिन्दगी का दस्तावेज है।" धर्मयुग में उनकी यह कविता उन्हीं की हस्तलिपि में 8 से 14 दिसम्बर, 1988 के अंक में 'जिन्दगी का दस्तावेज' शीर्षक से प्रकाशित हुई थी। इस कविता की प्रारम्भ की पंक्तियाँ इस प्रकार हैं :

ठन गई!
मौत से ठन गई!
जूझने का मेरा कोई इरादा न था;
मोड़ पर मिलेंगे, इसका वादा न था,
रास्ता रोककर वह खड़ी हो गई,
यों लगा जिन्दगी से बड़ी हो गई।

मौत से ऐसी ठना-ठनी के क्षणों में कवि की अभिव्यक्तियाँ पठनीय हैं :

मौत की उम्र क्या ? दो पल भी नहीं,

लौट कर आऊँगा, कूच से क्यों डरूँ;
तू दबे पाँव चोरी-छिपे से न आ,
सामने वार कर, फिर मुझे आजमा;
हर चुनौती से दो हाथ मैंने किए
आँधियों में जलाए हैं, बुझते दिए।

अंग्रेजी के प्रसिद्ध कवि ब्राउनिंग ने भी अपनी कविता 'प्रासपिके' में इन्हीं भावों को व्यक्त किया है :

"आइ वाज एवर ए फाइटर
सो वन फाइट मोर
द बेस्ट एण्ड द लास्ट"

कवि का यह दस्तावेज निजी होते हुए भी अन्य लोगों को, मौत को चुनौती देने की सामर्थ्य प्रदान करता है।

कवि का संकल्प है कि वह किसी भी दशा में झुक नहीं सकता। निष्ठा का निष्कम्प दीप लेकर कवि अंधकार से जूझने को सन्नद्ध है। वह अपना सर्वस्व दाँव पर लगा देना चाहता है। उसकी संकल्प भावना में दृढ़ता है। राष्ट्र को ऐसे ही दृढ़ संकल्पी की आवश्यकता है जो जन-मन में ओजपूर्ण भाव भरने में सक्षम हो। कवि की ये पंक्तियाँ पठनीय हैं :

टूट सकते हैं मगर हम झुक नहीं सकते
सत्य का संघर्ष सत्ता से,
न्याय लड़ता निरंकुशता से
अँधेरे ने दी चुनौती है
किरण अन्तिम अस्त होती है।
किन्तु फिर भी जूझने का प्रण
पुनः अंगद ने बढ़ाया चरण
प्राण-प्रण से करेंगे प्रतिकार
समर्पण की माँग अस्वीकार
दाँव पर सब कुछ लगा है रुक नहीं सकते।
टूट सकते हैं मगर हम झुक नहीं सकते।

अटल जी ने राष्ट्रीय एवं दार्शनिक संदर्भों के अतिरिक्त अन्य विभिन्न विषयों पर भी सहज संवेदनापूर्ण लेखन किया है। उनकी व्यंग्यात्मक शैली में रची गई कविता 'आओ मर्दो नामर्द बनो' ऐसी करारी चोट करती है कि छटपटाहट उत्पन्न कर देती है। निम्नस्थ पंक्तियाँ पठनीय हैं :

औरत ने काम सम्हाला है,
सब कुछ देखा है, भाला है,
मुँह खोलो तो जय जय बोलो,
वर्ना तिहाड़ का ताला है।

कवि ने राष्ट्रभाषा की मान-मर्यादा के लिए भी कई कविताएँ रची हैं। राष्ट्र संघ में हिन्दी में सर्वप्रथम भाषण करने वाले अटल जी ने एक कुण्डलिया में निम्नस्थ भाव व्यक्त किए हैं :

गूँजी हिन्दी विश्व में
स्वप्न हुआ साकार।
राष्ट्र संघ के मंच से,
हिन्दी का जयकार।
हिन्दी का जयकार
हिन्द हिन्दी में बोला।
देख स्वभाषा प्रेम,
विश्व अचरज से डोला।
कह कैदी कविराय
मेम की माया टूटी।
भारतमाता धन्य,
स्नेह की सरिता फूटी॥

भारत धन्य हुआ, भारतमाता धन्य हुई और साथ में कवि भी धन्य हुआ।

अटल जी छायावादी काव्य के प्रकृति वर्णनों से प्रभावित हुए हैं। उन्होंने 'न मैं चुप हूँ, न गाता हूँ' कविता में गीति शैली में प्रकृति के उपादानों की सहायता से नवीन भावों-विचारों को निराला जी की तर्ज में प्रस्तुत किया है :

सवेरा है, मगर पूरब दिशा में घिर रहे बादल,
रुई से धुँधलके में मील के पत्थर पड़े घायल,

ठिठके पाँव
ओझल गाँव
जड़ता है न गतिमयता
स्वयं को दूसरों की दृष्टि से मैं देख पाता हूँ।

'गीत नहीं गाता हूँ' शीर्षक कविता में उन्होंने यथार्थ को अपने ढंग से कहा है। उनका यथार्थ आत्ममंथन और आत्मचिंतन को गति देता है :

बेनकाब चेहरे हैं,
दाग बड़े गहरे हैं,
टूटता तिलस्म, आज सच से भय खाता हूँ।
लगी कुछ ऐसी नज़र,
बिखरा शीशे-सा शहर,
अपनों के मेले में मीत नहीं पाता हूँ।

कवि समाज को भयरहित देखना चाहता है। जिस समाज में लोग निर्भय विचरण का आनन्द न ले सकें, वह समाज कदर्थना के योग्य है और ऐसे जीवन से तो मृत्यु श्रेष्ठ है :

इस जीवन से मृत्यु भली है,
आतंकित जब गली गली है।
मैं भी रोता आसपास जब
कोई कहीं नहीं होता है।

अटल जी के काव्य में उनकी उन्नत दृष्टि और भारतीय परिवेश सर्वत्र दिखाई देता है। वे समाजवादी विचारों की डींग हाँकने वाले उन कवियों से सर्वथा भिन्न हैं जो बात तो किसान-मजदूर की करते हैं, पर घर के नौकर को बिना वेतन के केवल रवानगी और फटे-पुराने उतरे हुए कपड़ों पर रखते हैं।

अटल जी का काव्य मात्रा में कम अवश्य है किन्तु गुणवत्ता में वो कहीं लचर नहीं है। ध्यातव्य है कि उनकी रचनाप्रक्रिया का उत्स स्वयं उनका भावबोध है। यह भावबोध उनकी अपनी निजी विचारधारा पर आधारित है। उनका राष्ट्रप्रेम स्थान-स्थान पर व्यक्त हुआ है। उनकी दृष्टि में राष्ट्र पहले है और सब-कुछ बाद में। उनकी आस्था एकनिष्ठ राष्ट्रप्रेम की पीठिका पर आसीन है। उनकी जिन कविताओं में दार्शनिक विचार उतरे हैं,

वे कविताएँ युग-चिन्तन के सम्मुख नए आयाम प्रस्तुत करती हैं। 'ऊँचाई', 'पहचान', 'मन का सन्तोष', 'यक्ष प्रश्न' आदि कविताएँ आधुनिक युगबोध संबंधी विचार-प्रधान नई कविता में उत्कृष्ट स्थान प्राप्त करेंगी, इसमें सन्देह नहीं है।

अटल जी को अयाचित जो आभामण्डल प्राप्त हुआ है वह उनके अकृत्रिम स्वभाव के कारण ही। वे छंदों में शिखरिणी हैं, रागों में राग भैरव हैं और सप्त स्वरों में षड्ज। उनके कण्ठ और स्वभाव में जो इतनी मृदुता है, वह इसलिए कि रबड़ी, मावामिश्री तथा पनेछा उन्हें बहुत प्रिय हैं। विरोधियों पर तर्क की पलटन उतारकर उन्हें परास्त करने में ग्वालियर के चूड़े का भी शायद कुछ योगदान रहता हो, जो उन्हें बहुत प्रिय है।

शिल्प-सौन्दर्य

अटल जी को वंशानुक्रम और वातावरण, दोनों से काव्य के संस्कार प्राप्त हुए। उनकी कविता-यात्रा की अवधि लम्बी है। मात्रा में उनका काव्य अवश्यमेव कम है, किन्तु गुणवत्ता में वह किसी भी रूप में हल्का नहीं है। उन्होंने समस्यापूर्ति के उस युग से काव्य-संसार में पदार्पण किया था जब घनाक्षरी, सवैया आदि छन्दों में एक-एक वर्ण गिना जाता था। हाँ, यह बात निस्सन्देह कही जा सकती है कि उनके राजनेता ने उनके कवि को काव्य-रचना के लिए अधिक समय नहीं दिया।

कवि ने रसों, छंदों और अलंकारों का मात्र पुस्तकीय ज्ञान ही नहीं प्राप्त किया। स्वयं उनके पिताश्री काव्य-रचना में प्रवीण थे और कवि सम्मेलनों में आमंत्रित किए जाते थे। पिताजी के साथ वे भी कवि सम्मेलनों में जाते थे। तो भाई, एक तरह से कविता उनके घर की खेती थी। उनकी कविताओं में वीर रस की प्रधानता है, क्योंकि राष्ट्रप्रेम की कविता का प्रधान स्वर 'वीर' ही होता है। 'हिन्दू तन मन…', 'अमर आग', 'आज सिंधु में ज्वार उठा है', 'अनुशासन पर्व' आदि कविताओं में वीर रस की निष्पत्ति सहज रूप में हुई है। एक उदाहरण प्रस्तुत है :

मैं वीर पुत्र, मेरी जननी के जगती में जौहर अपार।
अकबर के पुत्रों से पूछो, क्या याद उन्हें मीनाबजार?
क्या याद उन्हें चित्तौड़ दुर्ग में जलने वाली आग प्रखर?
जब हाय, सहस्रों माताएँ, तिल-तिल जलकर हो गईं अमर।
वह बुझने वाली आग नहीं, रग-रग में उसे समाए हूँ।
यदि कभी अचानक फूट पड़े विप्लव लेकर तो क्या विस्मय?

कवि अटल की वीर वाणी में ओज का स्थायित्व है, वही उनकी सम्पदा है, वही उनका वैभव है और वही है उनका उत्साह। इन पंक्तियों का अवलोकन करें :

सबल भुजाओं में रक्षित है नौका की पतवार,
चीर चलें सागर की छाती, पार करें मँझधार।
ज्ञानकेतु लेकर निकला है विजयी शंकर,
अब न चलेगा ढोंग, दम्भ, मिथ्या आडम्बर।

कवि के मानस-सागर में राष्ट्रभक्ति का जो ज्वार उठ रहा है, वह अब नहीं रुक रहा है। वे देश के नवयुवकों को ललकार रहे हैं :

लानत उनकी भरी जवानी पर जो सुख की नींद सो रहे,
लानत है, हम कोटि-कोटि हैं, किन्तु किसी के चरण धो रहे।
अब तक जिस जग ने पग चूमे आज उसी के सम्मुख नत क्यों?
गौरव-मणि खोकर भी मेरे सर्पराज! आलस में रत क्यों?

स्वतंत्रता के लिए आत्माहुति देने वाले अमर शहीदों का स्मरण करते-कराते हुए वे हमें अन्याय के समक्ष पौरुष प्रदर्शन करने हेतु उत्साहित करते हैं :

याद करें बहरे शासन को,
बम से थर्राते आसन को,
भगतसिंह, सुखदेव, राजगुरु
के आत्मोत्सर्ग पावन को
अन्यायी से लड़ें, दया की मत फरियाद करें।
उनकी याद करें।

उनकी राष्ट्रीयता में कहीं अस्पष्टता नहीं है, उसमें मातृभूमि की सेवा-भावना की जो चिनगारी है वह साधारण नहीं, वह अमर आग है। वही अमर आग वे भारत के कोटि-कोटि लोगों में देख रहे हैं :

कोटि-कोटि आकुल हृदयों में,
सुलग रही है जो चिनगारी
अमर आग है, अमर आग है।

अटल जी की कई कविताओं में शान्त रस की धारा भी मन्द-मन्द बही है। 'जीवन बीत चला' कविता में उन्होंने सहज शैली में बहुत ही निर्वेद गुम्फित भाव व्यक्त किए हैं

कल, कल करते, आज
हाथ से निकले सारे,
भूत भविष्यत् की चिन्ता में
वर्तमान की बाजी हारे,
मुझे हाट में छोड़ अकेला
एक-एक कर मीत चला।
जीवन बीत चला।

अपनी इकसठवीं वर्षगाँठ पर उन्होंने 'नए मील का पत्थर' कविता रची थी। इस कविता में सांसारिकता के पचड़ों से ऊपर उठी हुई कुछ नूतन अनुभूतियाँ प्रस्तुत हुई हैं। कुछ पंक्तियाँ प्रस्तुत हैं :

बचपन याद बहुत आता है,
यौवन, रसघट भर जाता है,
बदला मौसम ढलती छाया,
रिसती गागर लुटती माया।

कवि की कुछेक कविताओं में करुण रस की झलक भी मिलती है। 'दूर कहीं कोई रोता है' गीत में प्रारम्भ की पंक्तियों में निम्नस्थ भाव द्रष्टव्य है :

तन पर पहरा, भटक रहा मन,
साथी है केवल सूनापन,
बिछुड़ गया क्या स्वजन किसी का
क्रन्दन सदा करुण होता है।

कवि को छंदों—विशेषकर घनाक्षरी, सवैया, हरिगीतिका, कुण्डलिया आदि में विशेष रुचि रही है। प्रयत्न करने पर भी मैं कवि की इन प्रारम्भिक रचनाओं को उपलब्ध नहीं कर सका। इधर कुछ वर्ष पूर्व कवि ने 'कैदी कविराय' नाम से जो कुण्डलिया लिखीं वे पुस्तक रूप में छप चुकी हैं।

छायावादी काल के गीतों का प्रभाव कवि पर कम नहीं पड़ा। कवि ने प्रसाद, पंत, निराला और महादेवी के गीतों को जिया है। डॉ० रामकुमार वर्मा के रहस्यवादी गीतों के प्रभाव को भी ग्रहण किया है। इतना सब कुछ होने पर भी कवि ने रोमैण्टिक गीतों का सृजन नहीं किया क्योंकि उसका मात्र सरोकार राष्ट्रीयता से रहा। किन्तु शब्द-योजना और रचना-प्रक्रिया को कवि ने काफी हद तक ग्रहण किया है।

छायावादी काव्य में सूक्ष्म भावों की अभिव्यक्ति को प्रधानता दी गई है। अटल जी की कई कविताओं में स्थूलता के स्थान पर सूक्ष्मता के दर्शन होते हैं। कवि ने प्रतीकों के माध्यम से भी बहुत कुछ कहा है। 'नई गाँठ लगती' गीत की कुछ पंक्तियाँ देखिए :

जीवन की डोर छोर छूने को मचली
जाड़े की धूप स्वर्ण कलशों से फिसली
अन्तर की अमराई
सोई पड़ी शहनाई
एक नए दर्द-सी सहसा ही जगती।
नई गाँठ लगती।

छायावादी गीतों की शब्द-योजना को निम्नलिखित पंक्तियों में परखा जा सकता है :

उजियारे में, अंधकार में,
कल कछार में, बीच धार में,
घोर घृणा में, पूत प्यार में,
क्षणिक जीत में, दीर्घ हार में,
कदम मिलाकर चलना होगा।

कविवर पंत की भाँति मिताक्षरी पदों की झाँकियाँ भी कई स्थलों पर देखने को मिलती हैं, यथा :

ठिठके पाँव
ओझल गाँव
जड़ता है न गतिमयता
स्वयं को दूसरे की दृष्टि से मैं देख पाता हूँ।
बिखरे नीड़
बिहँसी चीड़
आँसू हैं न मुसकानें
ठिठकी झील के तट पर अकेला गुनगुनाता हूँ।

एकदम छायावादी तासीर के इस गीत की पूरी बुनावट ही छायावादी है।

आज की कविता में बौद्धिकता की प्रधानता आ गई है। कवियों ने कविता को हृदय पक्ष से कुछ दूर हटाकर मस्तिष्क को सौंप दिया है। आज के कवि कविता में विचार देना अनिवार्य मानते हैं। वे छंद और लय का विरोध करते हैं। ऐसे नई कविता के पक्षधरों या हिमायतियों से कवि अटल दूर रहते हैं। उन्होंने नई कविताओं की रचना की है, नए प्रयोग किए हैं, नए शिल्प को भी गढ़ा है, किन्तु छंद और लयात्मकता का वे तिरस्कार नहीं करते। वे प्रयोगधर्मा तो हैं किन्तु प्रयोगवादी नहीं। उनके प्रयोग न तो अज्ञेय से प्रभावित हुए हैं और न मुक्तिबोध से। उनके प्रयोग स्वयं उनके अन्तर्मन की भावनाओं से प्रभावित हैं, जिनमें शुद्ध राष्ट्रप्रेम का गंगाजल भरा है। वे किसी भी आयातित विदेशी विचार के प्रचारक नहीं बने। बने तो मात्र भारतीय संस्कृति के प्रचारक, जिसमें विश्व को अभिनव प्रकाश देने की क्षमता है और रहेगी।

कवि अटल के काव्य में सुस्पष्ट बिम्ब झलकते हैं। उनकी नई कविता में इन बिम्बों का बहुत महत्त्व है। ये बिम्ब ऐन्द्रिय और सांस्कृतिक अधिक हैं। ऐन्द्रिय बिम्बों में दृश्य एवं श्रवण बिम्ब विशेष उल्लेख्य हैं। एक उदाहरण प्रस्तुत है :

ऊँचे पहाड़ पर,
पेड़ नहीं लगते,
न घास ही जमती है।
जमती है सिर्फ बर्फ,
जो कफन की तरह सफेद और
मौत की तरह ठंडी होती है।

कवि ने कुछ सांस्कृतिक बिम्ब भी प्रयुक्त किए हैं। इन बिम्बों में पौराणिकता को विशेष रूप से सँजोया गया है। एक ऐसा ही बिम्ब पढ़िए :

पाञ्चजन्य का भैरव स्वर सुन
तड़प उठा आक्रुद्ध सुदर्शन
अर्जुन का गाण्डीव
भीम की गदा
धर्म का धर्म डट गया।

अटल जी का भाषा पर जबरदस्त अधिकार है। वे शब्दों को स्वेच्छानुसार नचाने में एक दक्ष बाजीगर कवि हैं। उनकी भाषा विशुद्ध खड़ी

बोली है किन्तु यत्र-तत्र उर्दू के प्रचलित शब्दों को उन्होंने सहर्ष स्वीकारा है। उनकी उपमाएँ अनूठी हैं, रूपक सांगता लिए हुए मनोहर हैं, उत्प्रेक्षाएँ नवीन हैं। परिनिष्ठित भाषा में रचना करने वाले अटल जी ने कई स्थलों पर अनूठी उक्तियों का प्रयोग अत्यन्त मोहक ढंग से किया है :

कबिरा की चादरिया बड़े भाग मिलती।

टूट सकते हैं मगर हम झुक नहीं सकते।

कभी न खेतों में फिर खूनी खाद फलेगी।

समय की सर्द साँसों ने चिनारों को झुलस डाला।

हिन्दू कहने में शरमाते, दूध लजाते लाज न आती।

तुम कलाँ[1] छोड़ अब खुर्द[2] बनो।

मन की फकीरी पर, कुबेर की सम्पदा भी रोती है।

कवि की परिनिष्ठित भाषा के स्वरूप से सभी परिचित हैं। हिन्दी के काव्य शृंगार अटल जी को यदि राजनीति की छलना ने अपने सम्मोहन से स्ववश न कर लिया होता, तो हिन्दी को इनसे अनेक और रत्न प्राप्त होते। वैसे जो कुछ आपने हिन्दी गद्य और पद्य को दिया है, हमें उस पर गर्व है।

कवि अपने संस्कारों के अनुरूप खड़ी बोली के परिनिष्ठित, परिमार्जित और परिष्कृत स्वरूप को ही अपनाता है। अटल जी की परिनिष्ठित शब्दावली से युक्त कुछ पंक्तियाँ प्रस्तुत की जा रही हैं :

'सृष्टि-प्रलय-पर्यन्त तमावृत'
'यह जन-गंगा जन-जीवन का कल्मष कलुष बहाती।'
'सस्मित हर्षित शीश चढ़ाया।'

अटल जी की छंद मुक्त रचनाओं पर महाप्राण निराला का प्रभाव भी परिलक्षित होता है, यथा :

पीड़ित पुण्य भूमि का जन-जन,
शंकित मन-मन
त्रसित विप्र
आकुल मुनिवर गण

1. कलाँ = बड़ा 2. खुर्द = छोटा

अटल जी ने कुछ सर्वथा नूतन छंदों का भी प्रयोग किया है। ऐसे छंदों में उन्होंने मिताक्षरी शब्दों का प्रयोग किया है। 'जीवन की ढलने लगी साँझ' कविता का मीटर द्रष्टव्य है :

बदले हैं अर्थ
शब्द हुए व्यर्थ
शांति बिना खुशियाँ हैं बाँझ।
सपनों से मीत
बिखरा संगीत
ठिठक रहे पाँव और झिझक रही साँझ

यहाँ साँझ का मानवीयकरण किया गया है। ध्वन्यात्मकता विशेष उल्लेख्य है।

इसी तरह 'गीत नहीं गाता हूँ' कविता में भी हमें उनका यही मीटर देखने को मिलता है, यथा :

बेनकाब चेहरे हैं
दाग बड़े गहरे हैं
टूटता तिलस्म, आज सच से भय खाता हूँ।
लगी कुछ ऐसी नज़र
बिखरा शीशे सा शहर
अपनों के मेले में मीत नहीं पाता हूँ।

अनुभूति की ईमानदारी, विचारों का सुचिंतित स्वरूप और शिल्प के ताजेपन के साथ अटल जी ने अपनी कविताओं द्वारा हिन्दी पाठकों को बहुत कुछ अनूठा दिया है। छंद सौंदर्य और शब्द संगीत के मर्म को समझने वाले कवि ने अपने विचारों को जो उत्कर्ष प्रदान किया है, वह सराहनीय है। अटल जी ने प्रतीकों का गठन, बिम्बों की स्वच्छता और अनुभूति की अभिनव प्रस्तुति की ओर विशेष ध्यान दिया है। उन्होंने कविता को कविता ही रहने दिया, चमत्कार भरकर उसे कला नहीं बनने दिया।

शिल्प की दृष्टि से अटल जी का काव्य पर्याप्त सम्पन्न है। इसका मुख्य कारण है उनकी अध्ययन के प्रति विशेष प्रवृत्ति। उनके काव्य में छंद-वैविध्य, रस-वैविध्य और अलंकार-वैविध्य के साथ-साथ भाषा का सुगठित स्वरूप देखने को मिलता है। निस्संदेह वे एक समर्थ और सफल कवि हैं।

अटल जी के काव्य में वक्तृत्वकला झलकती है। ऐसा प्रतीत होता है कि उन्होंने शेक्सपीयर के नाटकों और बायरन की कविताओं का गहराई से अध्ययन किया है। आज हिन्दी-काव्य में वक्तृत्वकला की ओर कवियों का ध्यान कम जाता है। इससे सम्प्रेषणीयता में कुछ कमी आना स्वाभाविक है। कवि भाषा की रास मजबूती के साथ थामे रहता है जिससे भाव रूपी घोड़ा काबू में रहता है। मनमानी चौकड़ी नहीं भरता। भावाभिव्यक्ति में जहाँ प्रतीकों की सहायता ली गई है, वहाँ एक नहीं अनेक प्रतीक संकुलित हुए हैं।

अटल जी ने कविताओं में ध्वनि-प्रवाह के मूर्तिविधान को सबलता प्रदान की है। काव्याचार्यों ने इन दोनों के मिलन को कला का उत्कृष्ट नमूना बताया है। इस दृष्टि से उनकी 'अमर आग' कविता विशेष उल्लेख्य है। अटल जी में कई स्थलों पर निराला जी जैसी क्रीड़ावृत्ति या अलंकरण वृत्ति भी दृष्टिगत होती है। यहाँ ध्वनि पर विशेष बल दिया गया है और कविता का बाह्यरूप मोहक बन गया है। उदाहरण के लिए 'अन्तर्द्वन्द्व' कविता की ये पंक्तियाँ पढ़ें :

शव का अर्चन
शिव का वर्जन
कहूँ विसंगति या रूपान्तर ?
वैभव दूना
अन्तर सूना
कहूँ प्रगति या प्रतिस्थलान्तर ?

अटल जी ने ध्वनि-सौन्दर्य की ओर पर्याप्त ध्यान दिया है। तभी तो वे जब मंच पर कविता पढ़ते हैं, तो प्रतीत होता है कि उन्होंने स्वर साधना की है। संस्कृत भाषा का ज्ञान होने के कारण, उन्होंने कवित्वपूर्ण शब्दावली को अपनाकर लयात्मकता के साथ-साथ मृदुता और मंजुलता को बढ़ाया है।

अटल जी के शब्द-सामर्थ्य की चर्चा प्रायः होती रहती है। उन्हें पर्यायों, विलोमों, समानार्थी शब्दों, अनेकार्थवाची शब्दों, लोकोक्तियों और मुहावरों का बहुत अच्छा ज्ञान है। इसी कारण उनकी शब्द-सम्पदा का कोश सम्पन्न है। उदाहरण देखें :

उजियारे में, अंधकार में
कल कछार में, बीच धार में

घोर घृणा में, पूत प्यार में
क्षणिक जीत में, दीर्घ हार में
जीवन के शत-शत आकर्षक।
अरमानों को दलना होगा।

एक उदाहरण और प्रस्तुत है :

भरी दुपहरी में अँधियारा,
सूरज परछाईं से हारा,
अन्तरतम का नेह निचोड़ें,
बुझी हुई बाती सुलगाएँ।
आहुति बाकी, यज्ञ अधूरा,
अपनों के विघ्नों ने घेरा,
अन्तिम जय का वज्र बनाने,
नव दधीचि हड्डियाँ गलाएँ।
आओ फिर से दिया जलाएँ।

कवि से एक साक्षात्कार

आज आश्विन मास के कृष्ण पक्ष की चतुर्थी है। तारीख है 24, महीना सितम्बर, सन् 1994। मेरी टैक्सी, नई दिल्ली की रायसीना रोड के बँगला नम्बर छह के सामने खड़ी हो जाती है। एक साधारण-सी नामपट्टिका लगी है। देवनागरी के अक्षरों में लिखा है—अटल बिहारी वाजपेयी। छेवड़ीवान गेट खोलता है। सुरक्षाकर्मियों की साधारण औपचारिकताओं के बाद, सुविस्तृत, स्वच्छ और हरी-हरी दूब वाले लॉन, फूलों के पौधों और करीने से सजे गमलों को निहारता हुआ मैं उस कक्ष में पहुँचता हूँ जहाँ जननायक अटल जी बैठे हैं।

कमरा मँझोले साइज का है। साधारण-सा सोफा, पाँच-छह कुर्सियाँ पड़ी हैं। एक काठ की रैक में पुस्तकें सजी हैं—अंग्रेजी की कम, हिन्दी की अधिक। दीवाल पर कृष्ण और गोपियों का एक चित्र लगा है। साधारण कपड़े के पर्दे हिलग रहे हैं। एक मेज पर वीरकेशरी शिवाजी और पं० दीनदयाल उपाध्याय की प्रतिमाएँ रखी हैं। कमल का खिला हुआ, काँसे का फूल बीच में है। चौड़ी कन्नी वाली धोती और दूधिया खादी का कुर्ता पहने अटल जी स्वामी विवेकानन्द की एक पोथी पढ़ रहे हैं। प्रणाम-नमस्कार के बाद चाय और नाश्ता।

यहाँ सब कुछ बड़ा सामान्य है। फोन बराबर आ रहे हैं। अटल जी हँस-हँसकर बातें कर रहे हैं। बातचीत में अवरोध उत्पन्न होता है, किन्तु वे जरा-सा भी खिन्न या अन्यमनस्क नहीं होते। अत्यन्त साधारण वातावरण में अत्यन्त साधारण दिखने वाले अटल जी कितने असाधारण व्यक्ति हैं, इस पर कोई टिप्पणी करने की आवश्यकता नहीं है। उनकी असाधारण गरिमामयी वाणी, उनके शील, उनकी मर्यादित और संयत भाषा की चर्चा देश-विदेश में होती रहती है।

मैं साहित्य-संस्कृति के कुछ व्यक्तिगत अनछुए संस्मरणों को सुनने के लिए उन्हें कुरेदता हूँ। वे अति सहज भाव से बातचीत प्रारम्भ करते हैं। उन्हीं के शब्दों में मैं आपके सम्मुख उनके विचारों को परोसता हूँ।

(सायं के सात बजने वाले हैं।) अटल जी अपने पारिवारिक साहित्यिक परिवेश के विषय में बताते हैं—मुझमें साहित्य के प्रति रुचि पैतृक विरासत के रूप में आई। मेरे बाबा संस्कृत के जाने-माने विद्वान् थे। गाँव के छोटे-से घर में सैकड़ों संस्कृत की पुस्तकें थीं। वे गाँवों में घूम-घूमकर श्रीमद्भागवत की कथा बाँचते थे। इसी से परिवार का भरण-पोषण होता था। संस्कृत की शिक्षा देने में भी उनकी रुचि थी। साहित्य-प्रेम बाबा से मेरे पिताजी को मिला। वे हिन्दी के अच्छे कवि थे। ग्वालियर राज्य के वे सम्मानित कवियों में थे। उनकी लिखी कविताएँ ग्वालियर राज्य में गाई जाती थीं। एक प्रार्थना तो पाठशालाओं में प्रातः सामूहिक रूप में गाई जाती थी। उनकी यह कविता बहुत प्रसिद्ध थी—'सोते हुए सिंह के मुख में हिरन कहीं घुस जाते?' वे राष्ट्रीय चेतना के भावों से आपूरित कविताएँ रचते थे।

ऐसे पारिवारिक वातावरण ने मुझमें साहित्य के बीज स्वतः डाल दिए। मैं बचपन से ही बाबा की पोथियाँ लेकर पढ़ा करता था। पिता जी की कविताओं को सुन-सुनकर मैं भी तुकबन्दियाँ करने लगा। पिता जी के साथ कवि-सम्मेलनों में जाया करता था। वह सवैया और घनाक्षरी का युग था। मैं भी समस्यापूर्तियाँ करता था। लोगों की प्रशंसा मिलती, उत्साह और बढ़ता।

मैंने 'ताजमहल' पर पहली कविता रची थी। उसमें ताज के सौंदर्य का चित्रण तो कम किया था, उसके निर्माण में शोषण कितना किया गया होगा—इसकी कल्पना अधिक थी। मैं जब कक्षा दस में पढ़ता था तो मेरी चर्चित कविता 'हिन्दू तन-मन' प्रकाशित हुई थी। शर्मा जी, इस तरह से लिखना शुरू किया। गणेशोत्सव और जन्माष्टमी के अवसर पर मुझे बहुत पुरस्कार मिला करते थे। अन्त्याक्षरी प्रतियोगिताओं और वादविवाद प्रतियोगिताओं में तो मुझे खूब पुरस्कार मिलते थे। मेरे श्रद्धेय गुरुजन मुझे बहुत स्नेह देते थे। मैं भी उनके प्रति सदैव अटूट श्रद्धाभाव व्यक्त करता था।

अपनी काव्य-रुचि के विषय में वे बताते हैं—मुझे स्वदेश-प्रेम, जीवन-दर्शन, प्रकृति तथा मधुर भाव वाली कविताएँ बाल्यावस्था से ही आकर्षित करती रही हैं। तुलसीदास का 'रामचरितमानस' तो मेरी प्रेरणा का स्रोत रहा। जीवन की समग्रता का जो वर्णन तुलसी ने किया है वैसा विश्व साहित्य में नहीं हुआ। इसी कारण तो रूस जैसे साम्यवादी देश में भी इस कृति का सम्मान हुआ और वरान्निकोव ने रूसी भाषा में उसका अनुवाद किया, जो वहाँ बहुत लोकप्रिय है। प्रसाद की 'कामायनी', निराला की 'राम की शक्ति

पूजा' और महादेवी के गीत मुझे बहुत पसंद हैं।

इधर कुछ वर्षों से मैं उपन्यासों के अध्ययन में रुचि लेता हूँ। इसका कारण पूछने पर वे बताते हैं—कविता जीवन के स्फुट चित्र प्रस्तुत करती है, किन्तु उपन्यास में जीवन के समग्र चित्र आ जाते हैं। इसमें व्यक्ति और समाज दोनों के चित्र आ जाते हैं। (इस बीच फोन की घंटी बजती है और अटल जी मुस्कराकर बातें करते हैं।) हाँ, क्या कह रहा था? अच्छा, उपन्यास की बात। हाँ, मैंने प्रेमचन्द को पढ़ा। उनमें समाज का जो रूप प्रस्तुत हुआ है वह यथार्थ है। यथार्थता के कारण ही तो उनके उपन्यास इतने लोकप्रिय हुए और आज भी प्रासंगिक बने हैं। जैनेन्द्र के उपन्यासों में बाँधने की अद्भुत क्षमता है। वे कभी-कभी विवाद भी खड़ा करते थे। उनके रोचक लेख 'पत्नी और प्रेयसी' ने खूब प्रतिक्रियाएँ उत्पन्न कीं। अपनी रचनाओं में वे नए-नए प्रश्न खड़े करते हैं।

अटल जी आगे बताते हैं—अज्ञेय का 'शेखर : एक जीवनी' भी एक झकझोरने वाले सशक्त कथ्य पर आधारित उपन्यास है। वृन्दावनलाल वर्मा के ऐतिहासिक उपन्यास झाँसी की रानी, मृगनयनी, गढ़कुण्डार, विराटा की पद्मिनी, कचनार आदि तो समूचे हिन्दी क्षेत्र में अत्यधिक लोकप्रिय हुए। इतिहास और आंचलिकता के कारण वृन्दावनलाल की रचनाएँ मुझे प्रिय रही हैं। क्या बताऊँ, अब तो समय ही नहीं मिल पाता।

जब मैं नाटकों की बात उठाता हूँ तो वे कहते हैं—जगन्नाथ 'मिलिन्द' के नाटक बहुत अच्छे लगे। उनके नाटकों को मैंने पढ़ा है और अभिनय भी देखा है। उनका 'प्रताप-प्रतिज्ञा' तो मैंने कई बार पढ़ा और उसका मंचन जहाँ होता था, मैं वहाँ जाया करता था। 'मिलिन्द' जी ग्वालियर के समीप मुरार के ही रहने वाले थे। अपने इस नाटक में उन्होंने जीवंत संवाद प्रस्तुत किए हैं। (इसी के साथ अटल जी नाटक का एक संवाद अपना दाहिना हाथ अपनी स्वाभाविक मुद्रा में उठाते हुए सुनाते हैं।) प्रताप कहता है—"मानसिंह, क्या तुमने यह समझ रखा है कि मेवाड़ की समुन्नत रक्त-ध्वजा तुम्हारे वैभव पर मोहित होकर, तुम्हारे चरणों में झुक जाएगी?"····टेलीफोन की घंटी फिर बजती है और वे मुस्कान के फूल बिखेरते हुए बातें करते हैं।

भाई, देखो, ऐसे में कैसे पढ़-लिख सकता हूँ? उसके लिए तो एकान्त चाहिए। हाँ, 'प्रताप-प्रतिज्ञा' में एक पात्र चन्द्रावत है जो जनप्रतिनिधि है। वह एक स्थान पर कहता है—"राजा प्रजा का सेवक है, दास है। प्रजा उसकी अन्नदाता है। वह उसे गद्दी पर चढ़ा भी सकती है, उतार भी सकती है।

जनता के इशारे पर बड़े-बड़े साम्राज्य उठते और मिट जाते हैं।"....यह कहते-कहते वे रुक जाते हैं और चेहरे पर एक विचित्र प्रकार का अवसाद झलकने लगता है। दो घूँट पानी पीते हैं और आगे कहते हैं—मुझे रामकुमार वर्मा के नाटक भी बहुत प्रिय हैं। पृथ्वीराज की आँखें, दीपदान, शिवाजी, कौमुदी महोत्सव आदि मुझे बहुत संवेदनशील लगे। मैंने पाठ्य पुस्तकों में भी वर्मा जी के नाटक पढ़े हैं। उनके संवादों में तो जादू है। उनका एक संवाद जिसमें लोहा खटकने की बात है—क्या है वो—माथे पर हाथ रखते हुए—कुछ ऐसे है—"लोहे से लोहा खटकना अच्छा नहीं लगता।" याद नहीं आ रहा। वर्मा जी के नाटक 'पृथ्वीराज की आँखें' के संवाद भी बहुत संवेदनशील हैं। महाराज पृथ्वीराज चंदवरदाई से कहते हैं—"जिन आँखों में स्वदेश की मूर्ति अंकित थी, वे आँखें अब नहीं रहीं। जिन अतृप्त आँखों में मातृभूमि के सुधापान की मादकता थी, वे आँखें अब नहीं रहीं। वे आँखें तो जयचंद के विश्वासघात की आग में जल गईं।" ऐसे संवाद मन में स्फूर्ति उत्पन्न करते हैं। मुझे धर्मवीर भारती के नाटक भी अच्छे लगे।

जब मैं यह प्रश्न उभारता हूँ कि आजकल हिन्दी मंच पर प्रायः विदेशी नाटकों के अनुवाद प्रस्तुत किए जा रहे हैं तो वे किंचित् गम्भीर होकर कहते हैं—यह उपनिवेशवादी मनोवृत्ति का परिचायक है। एक ऐसा वर्ग है जो उस भाषा को जानता-समझता है। अपना वैशिष्ट्य दिखाने के लिए वे लोग यह सब करते हैं। यह स्थिति बंगला और मराठी में नहीं है। ऐसा नहीं है कि हिन्दी में अच्छे नाटकों का अभाव है, पर लोग 'घर का जोगी जोगना आन गाँव का सिद्ध' के चक्कर में पड़े हैं।

समसामयिक साहित्य की चर्चा चलती है तो मैं धीरे से तस्लीमा नसरीन के उपन्यास 'लज्जा' की बात छेड़ देता हूँ। इस विषय में अटल जी कहते हैं—तस्लीमा के साहस की प्रशंसा होनी चाहिए। उपन्यास में वर्णित अधिकांश घटनाएँ सही हैं। वहाँ के अल्पसंख्यक हिन्दुओं के साथ जो दारुण काण्ड स्थान-स्थान पर हुए, उसका उल्लेख तस्लीमा ने बड़ी निर्भीकतापूर्वक किया है। उनका मन करुणा और वेदना से भर गया। तभी कागज पर उन्होंने मन के विचारों को प्रस्तुत कर दिया। यह एक बहुत बड़ी बात है। जब उनका अन्तर करुण स्वरों में व्यक्त आहों को बर्दाश्त नहीं कर सका तब उन्होंने उसे कागज पर उतार दिया। तस्लीमा की संवेदनशीलता एक सच्चे रचनाकार की संवेदना है।

साहित्यकार को राजनीति से कितना सरोकार रखना चाहिए? मेरे इस

प्रश्न पर अटल जी मुस्कराकर कहते हैं—शर्मा जी, साहित्य और राजनीति के कोई अलग-अलग खाने नहीं हैं। जो राजनीति में रुचि लेता है वह साहित्य के लिए समय नहीं निकाल पाता और साहित्यकार राजनीति के लिए समय नहीं दे पाता। किन्तु कुछ ऐसे लोग हैं जो दोनों के लिए समय देते हैं। वे अभिनन्दनीय हैं। जब कोई साहित्यकार राजनीति करेगा तो वह अधिक परिष्कृत होगी। यदि राजनेता की पृष्ठभूमि साहित्यिक है तो वह मानवीय संवेदनाओं को नकार नहीं सकता। कहीं कोई कवि यदि डिक्टेटर बन जाए तो वह निर्दोषों के खून से अपने हाथ नहीं रँगेगा। तानाशाहों में क्रूरता इसीलिए आती है कि वे संवेदनाहीन हो जाते हैं। एक साहित्यकार का हृदय दया, क्षमा, करुणा आदि से आपूरित रहता है। इसलिए वह खून की होली नहीं खेल सकता।

आज राजनीति के लोग साहित्य, संगीत, कला आदि से दूर रहते हैं। इसी से उनमें मानवीय संवेदना का स्रोत सूख-सा गया है। अपनी विचारधारा को आगे बढ़ाने के लिए कम्युनिस्ट अधिनायकवादियों ने ललित कलाओं का गलत उपयोग किया। राजनीति और साहित्य को यदि संतुलित रखा जाए तो अच्छा होगा।

साहित्यकार से आप क्या अपेक्षा करते हैं? मेरे यह पूछने पर अटल जी एक पैर दूसरे पैर पर रखकर कुछ सँभलकर बैठते हुए कहते हैं—वर्तमान समय में ऐसे साहित्य की आवश्यकता है जो सच्चे कर्तव्यबोध को जगाए। साहित्यकार को सर्वप्रथम अपने प्रति सच्चा होना चाहिए; बाद में उसे समाज के प्रति अपने दायित्व का सही अर्थों में निर्वाह करना चाहिए। वह अपने तईं प्रामाणिक हो। उसकी दृष्टि रचनात्मक होनी चाहिए। वह समसामयिकता को साथ लेकर चले, पर आने वाले कल की चिन्ता जरूर करे।

अतीत में जो उदात्त है, श्रेष्ठ है, उससे वह प्रेरणा ले। लेकिन भविष्य के निर्माण में उसे योग देना है, यह बात कभी न भूले। वह भविष्य को उज्ज्वलतर बनाने की चिन्ता करे। भविष्य-निर्माण के लिए साहित्यकार को सभी प्रकार के संभव प्रयास करने चाहिए।

लम्बी बातचीत को कोनियाते हुए मैं सीधे-सीधे पूछ बैठता हूँ—अटल जी! राजनीति में अत्यन्त व्यस्त रहते हुए भी आप अपने 'कवि' को पोषित करते रहते हैं? वे सहज भाव से हँसते हैं और कहते हैं—शर्मा जी, मैं अपने कवि को बड़ी मुश्किल से जिन्दा रख पाया हूँ। मेरे कवि को जीवित रखने का श्रेय जेल-यात्राओं को है। वहाँ मैं पढ़ता रहता हूँ और जब तरंग उठी तो

कागज पर कविता की पंक्तियाँ लिख गईं। राजनीति की आपाधापी की खिन्नता ने भी मुझे बार-बार साहित्य की ओर मोड़ा है। लेकिन मैं अपने साहित्यकार के साथ न्याय नहीं कर सका। कभी-कभी मन करता है कि लिखने-लिखाने की दुनिया में वापस आ जाऊँ। पर राजनीति उस काली कमली की तरह है जिसको छोड़ने की इच्छा होते हुए भी वह कमली छूटती नहीं है।

घड़ी पर नजर जाती है। अरे, आठ बज गये। अच्छा भाई, शेष फिर कभी—यह कहते हुए वे उठ खड़े होते हैं। मैं प्रणाम कर बँगले के बाहर आ जाता हूँ और ठिकाने की ओर चल देता हूँ।

कवि की पहचान की पड़ताल

'पहचान' शीर्षक एक कविता की निम्नस्थ पंक्तियाँ यदाकदा मन में कौंध जाती हैं :

छोटे मन से कोई बड़ा नहीं होता,
टूटे मन से कोई खड़ा नहीं होता।
मन हार कर मैदान नहीं जीते जाते,
न मैदान जीतने से मन ही जीते जाते हैं।

इस कविता के रचनाकार हैं श्री अटल बिहारी वाजपेयी। इकहत्तर पंक्तियों की यह लम्बी कविता जीवन के अनुभूत तथ्यों का एक दस्तावेज है। इसी कविता में ये पंक्तियाँ भी पढ़ने को मिलती हैं :

आदमी न ऊँचा होता है, न नीचा होता है,
न बड़ा होता है, न छोटा होता है।
आदमी सिर्फ आदमी होता है!

आदमी की आदमीयत का कायल कवि मन से कितना गहरा है, यह पड़ताल करने के लिए मैं अवसर की तलाश में लगा रहा।

दिनांक 25-9-92 को लखनऊ में भारतीय जनता पार्टी की एक ऐतिहासिक रैली का आयोजन किया गया था। रैली को सम्बोधित करने के लिए अटल जी लखनऊ आए थे।

लखनऊ के मीराबाई अतिथिगृह के कक्ष-संख्या एक के सामने छोटे, बड़े, मँझोले सभी औकात वाले नेता तथा अन्य लोग उनसे मिलने के लिए बाहर खड़े थे। कोई अपने कुर्ते की सफेदी निरख रहा था, कोई सदरी की ऊपर वाली जेब में कलम ठीक से खोंस रहा था, कोई पीला रामनामी गले में डाले पानमसाला की पुड़िया दाँत से काटकर मसाला फाँक रहा था, कोई क़िमाम-तम्बाकू वाला पान मुँह में भरे, सामने के लॉन में पिच्च-पिच्च पीक थक रहा था और कोई गदोरी में सुरती पर चूना धरकर रगड़ रहा था। कुछ

लोग आपस में बतिया रहे थे और कुछ ऊब-से रहे थे।

वहीं एक छोटे कद का दुबली काठी वाला नेत्रहीन व्यक्ति चुपचाप खड़ा अपने अँगोछे के एक छोर को दाहिने हाथ से बार-बार टटोल रहा था। कुछ बढ़े हुए झबुले बालों से ढके माथे के नीचे बंद सीपी जैसे ज्योतिरहित नेत्रों वाले मुखमण्डल पर गहरे विश्वास की रेखाएँ झलक रही थीं। कनपटी की झलकती हुई हड्डियों और पिचके गालों वाले चेहरे पर अधपकी गंगाजमुनी दाढ़ी को थोड़ी-थोड़ी देर में हाथ से सहलाता हुआ, यह आदमी वहाँ पर खड़े हुए अन्य जनों की अपेक्षा अपने हाव-भाव से अधिक गम्भीर और अनुद्विग्न-मन दिखाई दे रहा था।

मैं इसी व्यक्ति के पास जाकर खड़ा हो जाता हूँ। हाथ से स्पर्श कर पूछता हूँ—"भाई ! आप कहाँ से आए हैं ?" सघन मूँछों और दाढ़ी के बीच दोनों ओठ खुल जाते हैं और उनके बीच से जो शब्द-स्वर निकलते हैं, उन्हें मैं नीचे टाँक रहा हूँ :

"मैं उन्नाव जिले के चँदेसुवा गाँव का रहने वाला हूँ। मेरा नाम है—रामप्रसाद मौर्य। मेरे पिता का नाम है स्व० श्री रामाधार मौर्य। मैं समाज-सेवा के कार्य करता हूँ। गोरक्षा आन्दोलन से जुड़ा हूँ। सन् 1966 में गोरक्षा आन्दोलन में मुझे सेण्ट्रल जेल में भी रखा गया था। आज मैं अपना बस का पास बनवाने पण्डित जी के पास आया हूँ। वैसे सिंगल पास तो है, पर मैं डबल पास पाने के लिए प्रार्थना-पत्र लाया हूँ; क्योंकि दूर बाहर जाने पर साथ में एक आदमी सहायता के लिए रखना पड़ता है।

मैं मिलने के लिए दिल्ली गया था। वहाँ पता चला कि पण्डित जी लखनऊ गए। सो मैं यहाँ चला आया।"

इसी बीच मैं रामप्रसाद जी से कहता हूँ—"भाई साहब ! भीड़ बहुत है। आप कैसे मिल पाएँगे ?" वे तुरन्त विश्वासभरे गम्भीर स्वर में कहते हैं—"ना, न ! अरे, वे हमसे जरूर मिलेंगे। मैं दिल्ली में पण्डित जी से कई बार मिल चुका हूँ। 13 जुलाई, '92 को मैंने उनसे अपना फोटे अटेस्ट कराया था। सन् '75 में दिल्ली में उनके घर पर ही रहा था। पण्डित जी खुद मेरे लिए भोजन लाए थे।"

एकाएक कक्ष का द्वार खुलता है और लोग उचक-उचककर अपना-अपना चेहरा दिखा रहे हैं। रामप्रसाद जी लोगों का कोलाहल सुनकर थोड़ा-सा तनकर खड़े हो जाते हैं, बाएँ हाथ से झोला टटोलते हुए दाहिने हाथ से दाढ़ी सहलाने लगते हैं। अटल जी पूरी भीड़ पर एक नजर डालते हैं औ

सबको हाथ से हटाते हुए उस दुर्बल काठी वाले रामप्रसाद के सामने खड़े हो जाते हैं। कंधे पर हाथ रखकर पूछते हैं—"कहो, तुम यहाँ आ गए ?"

"हाँ पण्डित जी ! बस के डबल पास के लिए आया हूँ। प्रार्थना-पत्र भी लाया हूँ।" इतना कहते-कहते झोले से प्रार्थना-पत्र निकालकर अटल जी को थमा देते हैं।

"इसे क्या करूँ ?" अटल जी अपनी विनोदी शैली में पूछते हैं।

"पंडित जी ! परिवहन मंत्री जी को कुछ लिख दीजिए।" इतना कहकर वे आश्वस्त भाव से खड़े रहते हैं।

अटल जी अपनी जेब से कलम निकालकर उस प्रार्थना-पत्र पर परिवहन मंत्री जी को लिख देते हैं—"कृपया इसे देख लें।" और हस्ताक्षर कर देते हैं।

मैं अवाक् खड़ा एक मनुष्य की 'पहचान' देख रहा था :

मनुष्य की पहचान,
उसके धन या सिंहासन से नहीं होती
उसके मन से होती है।
मन की फकीरी पर—
कुबेर की संपदा भी रोती है।

यह वह मनुष्य है जो है तो राजनीति में, पर मनुष्य पहले है, नेता बाद में।

यदि कोई किसी नेता के तईं 'अजातशत्रु' शब्द का प्रयोग करना चाहे तो वह अटल बिहारी वाजपयी संज्ञक इस आदमी के लिए इस विशेषण को अपना सकता है। अटल जी मनुष्यता के स्तर से कभी नहीं गिरे, अपने धरातल से कभी नहीं हटे। पर वे यह कदापि नहीं चाहते कि 'आदमी जहाँ है, वहीं खड़ा रहे और दूसरों की दया के भरोसे पड़ा रहे।' वे आदमी के जुझारूपन के कायल हैं :

आदमी को चाहिए कि वह जूझे
परिस्थितियों से लड़े
एक स्वप्न टूटे तो दूसरा गढ़े।

अटल जी की यह 'पहचान' कविता उनके व्यक्तित्व की सही पहचान कराती है। गवाही-साक्षी की आवश्यकता नहीं है। मैंने स्वयं देखा कि

बड़े-बड़े नेताओं के बीच नाचीज रामप्रसाद के पास अटल जी सबसे पहले गए। काश ! अन्य राजनेता भी ऐसा ही कर पाते !

अटल जी के सच्चे मन में मिथ्याभिमान नहीं रहता। वे धरती पर खड़े होकर ही आकाश को छूना उत्तम मानते हैं :

एक पाँव धरती पर रखकर ही
वामन भगवान ने आकाश, पाताल को जीता था।
धरती ही धारण करती है
कोई इस पर भार न बने
मिथ्या अभिमान से न तने।

इस कविता का सही अर्थ मैं उस समय समझ पाया जब दिनांक 25.9.92 को रामप्रसाद के सामने भावविभोर खड़े अटल जी उनके प्रार्थना-पत्र पर संस्तुति के आखर टाँक रहे थे। रामप्रसाद का चेहरा उन क्षणों में दमकने लगा था। कनपटी की हड्डियों को आभा की चमक ने ढँक लिया था। अटल जी कितने बड़े हैं, इसका एहसास वहाँ खड़े हुए लोगों को हो रहा था। सचमुच—'छोटे मन से कोई बड़ा नहीं होता।'

आधे कवि : आधे राजनेता

क्या अटल जी कवि हैं ? इस प्रश्न का उत्तर हाँ या न में देना सरल नहीं है। नवीं कक्षा में अटल जी ने पहली कविता लिखी थी। शीर्षक था : 'यह ताजमहल, यह ताजमहल'। वह कविता ताजमहल के रागात्मक पक्ष पर केन्द्रित नहीं थी। ताजमहल के बारे में परम्परा से हटकर बिलकुल नए प्रश्न उन्होंने उस वय में उठाए थे। शायद उनके व्यक्तित्व की संभावनाओं का वह प्रथम विस्फोट था। वैसे उनके पिता श्री कृष्ण बिहारी वाजपेयी भी कवि थे। इस संदर्भ में यह ज्ञातव्य है कि हाल में हुए ग्वालियर-क्षेत्र के प्राथमिक से लेकर उच्च विद्यालयों तक की प्रार्थनाओं के एक सर्वेक्षण में यह तथ्य सामने आया कि उनमें से अनेक प्रार्थनाओं के रचनाकार अटल जी के पिता श्री कृष्ण बिहारी ही थे। निष्कर्ष यह निकलता है कि काव्य के प्रति अनुराग अटल जी को पैतृक विरासत के रूप में मिला।

एक दिन डॉ० बरसानेलाल चतुर्वेदी मिल गए। उन्होंने उन दिनों को याद किया, जब अटल जी कवि-सम्मेलनों के मंच के जादूगर थे। कवि-सम्मेलनों में अटल जी का मंचीय साहचर्य नीरज, देवराज दिनेश, शिवमंगल सिंह सुमन आदि के साथ रहा। चतुर्वेदी जी ने भी बहुत-से कवि-सम्मेलनों में अटल जी के साथ कविता-पाठ किया। डॉ० चतुर्वेदी कह रहे थे कि अटल जी में दिनकर के ओज और राष्ट्रवाद के साथ-साथ नीरज की तरलता और भावुकता भी थी। अगर वे काव्य की यात्रा ही करते तो निश्चय ही आज चोटी के नेता होने के बजाय चोटी के कवि होते।

लेकिन अटल जी का कवि पिछड़ता गया, राजनेता बढ़ता गया। उनकी काव्य-क्षमता भाषणों में घुलती गई और उनके भाषण सरस्वती का काव्यात्मक प्रसाद बन गए। राजनीतिक तर्कवाद ने उनके कविहृदय के कूल-किनारों को तोड़कर बहने से रोका। उनके हृदय की काव्य-स्रोतस्विनी ने उनके राजनेता

प्रस्तुत लेख श्री अटल बिहारी वाजपेयी द्वारा बंदी जीवन में रचित कुण्डलियों के प्रकाशित संग्रह 'कैदी कविराय की कुण्डलियाँ' की भूमिका का एक अंश है। इसके लेखक श्री दीनानाथ मिश्र, वरिष्ठ एवं लब्धप्रतिष्ठ पत्रकार हैं—संपादक

को 'हृदयहीन राजनीतिक जीव' होने से बचाया। अगर आज अटल जी राजनीतिक सौदेबाजी की भाषा में व्यवहार नहीं करते हैं, तो यह मानवीय गुण उनके अंदर के उस उनींदे कवि की करामात ही है, जो उनमें जीवन-भर के लिए समाधिस्थ हो गया प्रतीत होता है।

अटल जी का पहले संबंध बना आर्य कुमार सभा से और बाद में राष्ट्रीय स्वयंसेवक संघ से। उनकी विचारसरणि पर राष्ट्रीय स्वयंसेवक संघ और आर्य समाज का गहरा असर रहा है। वैसे स्वामी विवेकानंद, स्वामी दयानंद, तिलक, महात्मा गांधी, सावरकर, डॉ० हेडगेवार, एम० एन० राय, जवाहरलाल नेहरू, श्री गुरुजी से लेकर और डॉ० श्यामाप्रसाद मुखर्जी, डॉ० लोहिया, पं० दीनदयाल उपाध्याय आदि परस्पर विरोधी दिखने वाले विचारकों के व्यक्तित्व और कृतित्व ने अटल जी को अपने-अपने ढंग से प्रभावित किया। कुल मिलाकर अटल जी के व्यक्तित्व में प्रखर किंतु उदार राष्ट्रवाद का अद्भुत योग उत्पन्न हुआ है। इसी योग ने अटल जी को संस्थागत आबद्धताओं के बावजूद संस्थाबद्धता से ऊपर उठकर विचार और निर्णय करने की क्षमता दी है।

उनकी प्रारंभिक कविताओं में भी प्रखर किंतु उदार राष्ट्रवाद की अवधारणा प्रायः दृष्टिगोचर होती है। निम्न पंक्तियों में भारतीय उदारता का जो स्वरूप प्रकट हुआ है, उसे अटल जी ने उस समय पंक्तिबद्ध किया था जब वे 10वीं कक्षा के छात्र थे :

होकर स्वतंत्र मैंने कब चाहा है कर लूँ जग को गुलाम?
मैंने तो सदा सिखाया है करना अपने मन को गुलाम।
गोपाल-राम के नामों पर कब मैंने अत्याचार किए?
कब दुनिया को हिंदू करने घर-घर में नरसंहार किए?
कोई बतलाए काबुल में जाकर कितनी मस्जिद तोड़ीं?
भूभाग नहीं, शत-शत मानव के हृदय जीतने का निश्चय।
हिन्दू तन-मन, हिन्दू जीवन, रग-रग हिन्दू मेरा परिचय!

अटल जी रूढ़ अर्थों में न व्यक्तिवादी हैं, न समाजवादी। इसे यों भी कहा जा सकता है कि व्यापक अर्थों में व्यक्तिवादी और समाजवादी दोनों हैं। निम्न पंक्तियाँ उन्होंने अपने लिए कही हैं। कब कहीं, जब वे शायद कॉलेज के छात्र भी नहीं थे। समाज और देश के लिए समर्पण की वही यह चेतना है, जो उनके जीवन का निर्देशक तत्त्व बन गई है :

मैं तो समाज की थाती हूँ,
मैं तो समाज का हूँ सेवक
मैं तो समष्टि के लिए व्यष्टि का
कर सकता बलिदान अभय।

इसी कविता की निम्न पंक्तियाँ उन्होंने अपने देश की तरफ से कही हैं :

मैं शंकर का वह क्रोधानल कर सकता जगती क्षार-क्षार।
डमरू की वह प्रलय-ध्वनि हूँ जिसमें नचता भीषण संहार।
रणचण्डी की अतृप्त प्यास, मैं दुर्गा का उन्मत्त हास।
मैं यम की प्रलयंकर पुकार, जलते मरघट का धुआँधार।
फिर अन्तरतम की ज्वाला से, जगती में आग लगा दूँ मैं
यदि धधक उठे जल, थल, अम्बर, जड़, चेतन तो कैसा विस्मय?
हिन्दू तन-मन, हिन्दू जीवन, रग-रग हिन्दू मेरा परिचय!

उनकी प्रारंभिक भावुकता-भरी कविता का एक अंश प्रस्तुत है :

विश्व गगन पर अगणित गौरव के दीपक अब भी जलते हैं,
कोटि-कोटि नयनों में स्वर्णिम युग के शत सपने पलते हैं।
शत-शत आघातों को सह कर जीवित हिंदुस्तान हमारा,
जग के मस्तक पर रोली-सा शोभित हिंदुस्तान हमारा।

और यह भी कि :

उस स्वर्ण दिवस के लिए आज से कमर कसें, बलिदान करें।
जो पाया उसमें खो न जाएँ, जो खोया उसका ध्यान करें।

'अमर आग है···अमर आग है' पंक्ति को जिस ओज से अटल जी बोला करते थे, आज भी लाखों लोगों को उसकी स्मृति रोमांचित कर जाती है। उस कविता की ये पंक्तियाँ इतिहास के एक प्रेरक प्रसंग की याद में कही गई हैं :

यही आग सरयू के तट पर दशरथ जी के राजमहल में
घनसमूह में चल चपला-सी प्रकट हुई, प्रज्ज्वलित हुई थी
दैत्य-मानवों के अधर्म से पीड़ित पुण्यभूमि का जन-जन,
शंकित मन-मन, तृसित विप्र, आकुल मुनिवरगण,
बोल रही अधर्म की तूती, दुस्तर हुआ धर्म का पालन।

तब स्वदेश रक्षार्थ देश का सोया क्षत्रियत्व जागा था,
रामरूप में प्रकट हुई यह ज्वाला ज़िसने असुर जलाए, देश बचाया
वाल्मीकि ने जिसको गाया।

वैसे चलन उन दिनों हालावाद का था। रहस्यवाद और छायावाद के कवि समादृत थे। प्रगतिवाद फैशन में था और प्रयोगवाद शैशव में; लेकिन अटल जी की अधिकांश कविताएँ उद्‌बोधन शैली में रची गई होती थीं। नव-तरुणाई की ओर से नव-तरुणाई के नाम आमंत्रण का यही स्वरूप अधिक बोधगम्य था। इनमें राष्ट्रवाद का पुट होता था :

अस्थियाँ शहीदों की देती आमंत्रण, बलिवेदी पर कर दो सर्वस्व समर्पण,
कारागारों की दीवारों का न्योता, कैसी दुर्बलता, अब कैसा समझौता?
हाथों में लेकर प्राण चलो मतवालो, सीने में लेकर आग चलो प्रणवालो।

देश-विभाजन के समय अटल जी की प्रतिक्रिया की ये पंक्तियाँ उनके वेदना-विदग्ध मानस की तसवीर हैं :

मनु के पुत्रों के शोणित से, रंजित है वसुधा की छाती,
टुकड़े-टुकड़े हुई विभाजित, बलिदानी पुरखों की थाती,
कण-कण पर शोणित बिखरा है, पग-पग पर माथे की रोली,
इधर मनी सुख की दीवाली, और उधर जनधन की होली।

संकट की एक घड़ी की चुनौती स्वीकार करते हुए अटल जी ने कुछ कविताएँ लिखी थीं। कुछ पंक्तियाँ उद्धृत हैं :

उजियारे में, अंधकार में;
कल-कछार में, बीच धार में;
घोर घृणा में, पूत प्यार में;
क्षणिक जीत में, दीर्घ हार में;
जीवन के शत-शत आकर्षक
अरमानों को दलना होगा।
कदम मिलाकर चलना होगा।

'स्वतंत्रता-दिवस की पुकार' नामक कविता में सामाजिक एकता का एक पहलू उजागर है इन पंक्तियों में :

जिनकी लाशों पर पग धर कर आजादी भारत में आयी,
वे हैं अब तक खानाबदोश गम की काली बदली छायी,
बस, इसीलिए तो कहता हूँ आजादी अभी अधूरी है,
कैसे उल्लास मना लूँ मैं? थोड़े दिन की मजबूरी है।

विभाजन पर ही दूसरी कविता की उनकी कुछ पंक्तियों का तेवर कुछ जुदा है :

किस बेटे ने माँ के टुकड़े करके दीप जलाए?
किसने भाई की समाधि पर ऊँचे महल बनाए?
चिता भस्म पर किसने सुख के स्वर्णिम साज सजाए?
किसने आग लगा कर अपने घर किया उजाला?
किसने निज का सुख खरीद माँ का विक्रय कर डाला?
शस्य-श्यामला स्वर्णभूमि क्यों हुई आज कंगाल?
किसके कारण देव-भूमि में आज अभाव, अकाल?

हाल के आपातकाल के दौरान उन्होंने यह कविता लिखी थी। जब यह कविता कैद की दीवारों को चकमा देकर बाहर आई तो इस संपादक ने उसे भूमिगत पत्र 'जनवाणी' में प्रकाशित किया था। संघर्षरत लोगों के लिए 'टूट सकते हैं, मगर हम झुक नहीं सकते' कितना प्रेरक था, आज उसका अनुमान लगाना भी सहज नहीं है :

सत्य का संघर्ष सत्ता से, न्याय लड़ता निरंकुशता से,
अँधेरे ने दी चुनौती है, किरण अन्तिम अस्त होती है।
दीप निष्ठा का लिए निष्कंप, वज्र टूटे या कि हो भूकंप,
यह बराबर का नहीं है युद्ध, हम निहत्थे शत्रु हैं सन्नद्ध।
हर तरह के शस्त्र से है सज्ज, और पशुबल हो उठा निर्लज्ज।
किंतु फिर भी जूझने का प्रण, पुनः अंगद ने बढ़ाए चरण।
दाँव पर सब कुछ लगा है, रुक नहीं सकते,
टूट सकते हैं, मगर हम झुक नहीं सकते।

26 जनवरी, 1975 को राजपथ पर परेड चल रही थी और उधर अटल जी नजरबंदी के दौर में अस्पताल में बीमारी के दिन काट रहे थे। ऐसे में उनकी एक कविता का जन्म हुआ। उसमें से चार पंक्तियाँ प्रस्तुत हैं

राजपथ पर भीड़, जनपथ पड़ा सूना,
पलटनों का मार्च, होता शोर दूना,
शोर में डूबा हुआ स्वाधीनता का स्वर,
रुद्ध वाणी, लेखनी जड़, कसमसाता उर।

स्पष्ट है कि अटल जी ने कविता कभी भी कविता के लिए नहीं लिखी। उनकी कविता अपने समाज के लिए थी, पूरी मानवता के लिए थी। 'थी' इसलिए कि आज उनकी अधिसंख्य कविताएँ समय की दरारों में खो गई हैं। कहीं संकलित नहीं हैं। इक्की-दुक्की उन्हें याद होंगी। कुछ मित्रों की डायरियों में मिल जाएँगी, पर ज्यादातर कविताएँ अनुपलब्ध हैं। छपाई के प्रति उनकी उदासीनता के भाव ने उन्हें और समाज को कुछ महत्त्वपूर्ण रचनाओं से वंचित कर दिया।

असल में यह अटल जी के जीवन के एक अन्तर्द्वन्द्व और उसके बीच सम्पन्न हुई उनकी विकास-यात्रा का स्वाभाविक परिणाम है। उनके इस अन्तर्द्वन्द्व को उनकी एक रचना के निम्न अंश में देखा जा सकता है, जो 'नवनीत' के दिसम्बर, 1963 के अंक में 'राजनीति की रपटीली राह में' शीर्षक से प्रकाशित हुई थी :

"मेरी सबसे बड़ी भूल है राजनीति में आना। इच्छा थी कि कुछ पठन-पाठन करूँगा। अध्ययन और अध्यवसाय की पारिवारिक परम्परा को आगे बढ़ाऊँगा। अतीत से कुछ लूँगा और भविष्य को कुछ दे जाऊँगा, किंतु राजनीति की रपटीली राह में कमाना तो दूर रहा, गाँठ की पूँजी भी गँवा बैठा। मन की शान्ति मर गई। सन्तोष समाप्त हो गया। एक विचित्र-सा खोखलापन जीवन में भर गया। ममता और करुणा के मानवीय मूल्य मुँह चुराने लगे हैं। क्षणिक स्थायी बनता जा रहा है। जड़ता को स्थायित्व मानकर चलने की प्रवृत्ति पनप रही है।

आज की राजनीति विवेक नहीं, वाक्चातुर्य चाहती है; संयम नहीं, असहिष्णुता को प्रोत्साहन देती है; श्रेय नहीं, प्रेय के पीछे पागल है। मतभेद का समादर करना तो दूर रहा, उसे सहन करने की प्रवृत्ति भी विलुप्त होती जा रही है। आदर्शवाद का स्थान अवसरवाद ले रहा है। 'बाएँ और दाएँ' का भी भेद व्यक्तिगत ज्यादा है, विचारगत कम। सब अपनी-अपनी गोटी लाल करने में लगे हैं। उत्तराधिकार की शतरंज पर मोहरें बैठाने की चिंता में लीन हैं।

सत्ता का संघर्ष प्रतिपक्षियों से ही नहीं, स्वयं अपने दल वालों से हो रहा है। पद और प्रतिष्ठा को कायम रखने के लिए जोड़-तोड़ साँठ-गाँठ और ठकुरसुहाती आवश्यक है। निर्भीकता और स्पष्टवादिता खतरे से खाली नहीं है। आत्मा को कुचलकर ही आगे बढ़ा जा सकता है।

इसमें संदेह नहीं कि जिस राजनीतिक दल से मैं संबद्ध हूँ वह अभी तक अनेक बुराइयों से अछूता है, किन्तु उसमें भी ऐसे व्यक्तियों की संख्या बढ़ रही है, जो हलकी आलोचना में रस लेते हैं और प्रतिपक्षी की प्रामाणिकता पर खुले रूप में संदेह प्रकट करना अपना अधिकार मानते हैं।

इतना सब होते हुए भी राजनीति छूटती नहीं। एक चस्का-सा लग गया है। प्रतिदिन प्रातः समाचारपत्रों में अपना नाम पढ़कर जो नशा चढ़ता है, वह उतरने का नाम नहीं लेता। संभवतः इसलिए राष्ट्रीय स्वयंसेवक संघ के संस्थापक ने स्वयंसेवकों को वृत्तपत्र में नाम छपाने और स्वागत-सत्कारों में फँसने के विरुद्ध चेतावनी दी थी, किंतु राजनीति-प्रधान युग में जब संस्कृति और समाज का विकास भी शासन की कृपा-कोर पर निर्भर हो गया है, आत्म-विज्ञापन से कैसे बचा जा सकता है? स्पष्ट है, साँप-छछूँदर जैसी गति हो गई है...न निगलते बनता है, न उगलते।''

आज की बदली हुई परिस्थितियों में भी उनके उक्त विचार कितने सुसंगत हैं। और जहाँ तक मेरी जानकारी है, आज भी उनका द्वंद्व बरकरार है।

यह सही है कि अटल जी ने 'उगलने' की कई बार कोशिश की है। राजनीति से उदासीन होकर पल्ला झाड़ने लगे तो स्व० दीनदयाल जी ने उन्हें मना लिया। दीनदयाल जी में कुछ चमत्कार ही ऐसा था। संसदीय राजनीति के बंजर होने का एहसास हुआ तो लोकसभा की सदस्यता से त्यागपत्र देने का फैसला घोषित कर दिया। अच्छे-खासे विवाद और दलीय घेरेबंदी के बाद उन्हें त्याग पत्र न देने को मनाया जा सका। कई बार उन्होंने चुनाव न लड़ने की इच्छा प्रकट की, पर दलीय अनुशासन के समक्ष अपनी व्यक्तिगत इच्छा को उन्होंने दबा दिया। राजनीति के मौजूदा माहौल में जहाँ पारस्परिक अविश्वास की भरपूर फसल उगती है, वहाँ शुद्ध राजनीतिक व्यक्ति इनमें भी राजनीतिक चाल ही देखें तो देख सकते हैं; पर जिसकी अटल जी के अंदर के मनुष्य से थोड़ी भी पहचान है, वह उनके असमंजस को कूट-चाल नहीं मान सकता। यह अंतर्द्वंद्व जहाँ उन्हें राजनीति में बनाए रखता है, वहीं उन्हें व्यापक मानवीय चेतना से जोड़े रखता है, और साथ ही राजनीति से परावृत्त

करता रहता है। सिर्फ सौदेबाजी के तल पर लेखा-जोखा करने वाले दलीय हानि-लाभ की गणना करने पर कुछ लोग उनसे खुश या नाखुश हो सकते हैं, लेकिन आम आदमी अटल जी की साँसों में अपनी धड़कनों की समलयता पाता है।

असल में राजनेता अटल जी के व्यक्तित्व का एक महत्त्वपूर्ण हिस्सा कवि है। वे अपने हृदय की रचना के कारण कवि हैं, और मौजूदा पृष्ठभूमि में एक कविहृदय व्यक्ति का उच्चस्तरीय भारतीय राजनीति में महत्त्वपूर्ण होना प्रसन्नता की बात है। एकात्म मानववादी, आदर्शवाद के प्रति समर्पित अटल जी का विदेशमंत्री के नाते विश्व-राजनीति के मंच पर उपस्थित होना, संपूर्ण मानवता की 'वसुधैव कुटुम्बकम्' की आकांक्षा के लिए मंगल-संकेत है।

इस व्यापक परिप्रेक्ष्य में यह कहा जा सकता है कि राजनीति ने एक कवि को पथ-भ्रष्ट कर दिया, लेकिन काव्य-रस ने एक राजनेता को 'सत्यं शिवं सुंदरं' के मार्ग से भ्रष्ट होने से बचाए रखा। राजनेता अटल जी का सुकुमार मानवीय चेतनासंपन्न व्यक्तित्व काव्य की ओर से राजनीति को दिया गया एक ऋण है। संयुक्त राष्ट्र संघ के मंच से हिंदी में दिया गया प्रथम भाषण उस ऋण की अदायगी की छोटी-सी पहली किस्त ही माननी चाहिए।

अब जो कुछ कहने जा रहा हूँ, शायद वह गणितीय दृष्टि से सही न हो; पर सच्चाई कुछ-कुछ ऐसी ही है। वे आधे राजनेता हैं, आधे कवि हैं और आधे सर्वमान्य व्यक्ति। कायदे से तीन आधों का योग इकाई से ज्यादा होना चाहिए था, परंतु अटल जी के मामले में यह कुल मिलाकर भी आधा ही बनता है। और यह अधूरापन उनकी जिंदगी की एक बड़ी सच्चाई है, एक बड़ी पूँजी भी है। यह अलग बात है कि उनके अधूरेपन के सामने अनेक पूरे भी बौने पड़ते हैं, लेकिन आधेपन का उनका एहसास उनकी पूर्णता की बेचैनी को बनाए रखता है। वे अपने अधूरेपन के शालीन उद्घाटन का कोई अवसर शायद ही कभी हाथ से जाने देते हों। वह सिर्फ विनम्रता ही नहीं होती, एहसास की ईमानदारी भी होती है। उनका यह अधूरापन देश के जनसामान्य के अधूरेपन की व्यक्तिगत पहचान और आत्मगत समानुभूति है। उसे ही वे अपने भाषणों में कविहृदय की पीड़ा लेकर वाणी देते हैं। परिणाम यह होता है कि उनका राजनेता भी अधूरा रह जाता है। राजनीतिक शतरंज बिछाकर मनुष्य-निरपेक्ष होकर चाल चलने के चलन वाले राजनीतिक युग में राजनेता अटल जी का आधा होना ही श्रेयस्कर है।

भाषणों, लेखों और कविता में अटल जी कभी क्लिष्ट नहीं लिखते। उनके लिए क्लिष्टता से बचना एक तरह से विद्वत्ता बघारने से बचने के अलावा पूरी निष्ठा से जनसाधारण से भाषायी सामीप्य की आराधना करना है।

मुझे अनेक प्रसंग याद हैं, जब मेरे लिखे किसी दस्तावेज से उन्होंने क्लिष्ट शब्द काटकर एवज में सरल शब्द डाले। ऐसे में अगर कोई असमर्थ शब्द भी चला आए तो भी जनसामान्य की सामीप्य-आराधना के लिए वह अटल जी के लिए वरेण्य होता है। यह अलग बात है कि उनके द्वारा प्रयुक्त घिसे-पिटे शब्दों के साथ उनके अर्थ सफल विद्रोह करते हैं और शब्दों की अर्थ-सीमा के परे भी फैल जाते हैं, खासकर भाषणों में। संयुक्त राष्ट्र संघ में हुआ उनका पहला हिन्दी भाषण इस बात का प्रमाण है कि उनकी सरल भाषा में गंभीर और जटिल अर्थों को पूरी क्षमता और सार्थकता के साथ वहन करने की पात्रता होती है। अटल जी की लक्षणा और व्यंजना भी अभिधामुखी होती है।

□□□